Praxis Impulse

Adelheid Auf'm Kolk

Schreib und lies!

Arbeitsmittel und Spiele

für den Schriftspracherwerb der 1. Jahrgangsstufe

westermann®

Druck A[1] Jahr 2008

Redaktion: Nadin Bamberg
Herstellung: Heike Freese
Illustrationen: Anke am Berg
Titelgestaltung: Fides Friedeberg
Satz und technische Umsetzung: PER Medien+Marketing GmbH, Braunschweig
Druck und Bindung: westermann druck GmbH, Braunschweig

ISBN 978-3-14-**163043**-5

Inhaltsverzeichnis

Kopiervorlagenverzeichnis

Vorwort

Die vorliegenden Kopiervorlagen enthalten Arbeitsmittel und Spiele für den Schriftspracherwerb in der 1. Jahrgangsstufe. Diese können im Rahmen der Freiarbeit oder in differenzierenden Übungsphasen eingesetzt werden.

Gegenstand der Übungen bilden vor allem Wörter der phonetischen Verschriftung, also lauttreue Wörter, die die Kinder sich selbstständig schreibend und lesend einprägen sollen. Diese Verzahnung von Schreiben und Lesen wirkt sich stützend auf den Schriftspracherwerb aus.

Durch die spielerischen Übungsformen werden insbesondere auch bisher sprachlich wenig geförderte Schülerinnen und Schüler nachhaltiger motiviert und so in den Lernprozess einbezogen.

Um sowohl den Lernfortschritt als auch die Schwierigkeiten erkennen zu können, sollte jedes Kind ein begleitendes Heft anlegen.
Auf diese Weise wird wiederum eine gezielte, individuelle Förderung der Schülerinnen und Schüler möglich.

Sämtliche Übungen ermöglichen eine Selbstkontrolle durch die Kinder. Dies trägt dazu bei, den Übungserfolg bewusst zu machen und fördert gleichzeitig das Lesen.

Ich wünsche Schülerinnen und Schülern Freude und Erfolg beim Umgang mit den Arbeitsmitteln und Spielen!

Adelheid Auf'm Kolk

Ziele beim Einsatz der Arbeitsmittel und Spiele

Ein wesentliches Ziel des Schriftspracherwerbs ist die Gewinnung der Einsicht in die alphabetische Struktur unserer Schriftsprache. Daher liegt der Schwerpunkt der vorliegenden Arbeitsmittel und Spiele auf der Sicherung und Durchstrukturierung lauttreuer Wörter eines altersgerechten Grundwortschatzes. Ferner werden Übungen zum Umgang mit Wörtern der phonologischen Stufe angeboten.

Durch die vorliegenden Materialien sollen einige für die 1. Jahrgangsstufe bedeutsame Lernziele realisiert werden.

Wahrnehmung schulen

Beim Schriftspracherwerb in der 1. Jahrgangsstufe kommt der Wahrnehmungsschulung eine hohe Bedeutung zu, da insbesondere in diesem Bereich bei vielen Schulanfängerinnen und Schulanfängern erhebliche Defizite vorhanden sind.

Reimworthäuser (KV 1) lenken die Wahrnehmung auf das gleiche Klangbild der Wörter. Dabei können mit Hilfe von Bildern Reimwörter herausgehört und zugeordnet werden.

In Lautunterscheidungsspielen (KV 5 – 6) wird dagegen die Lautqualität von F und W sowie G und K bewusst gemacht. Dem Problem der Ranschburg'schen Hemmung entsprechend soll in diesen Spielen von den Kindern nur ein Laut bewusst wahrgenommen werden. Der zweite ähnlich klingende Laut wird berücksichtigt, jedoch nicht ausdrücklich thematisiert.

Zum Heraushören verschiedener Vokale und Konsonanten motivieren Kreispuzzles (KV 9 – 10).

Anlauthäuser (KV 2) und -paare (KV 4) sowie Anlaut-Würfelspiele (KV 7) fördern die Sensibilität für das Heraushören des Anfangslautes.

Wortstrukturen erkennen

Beobachtungen bei rechtschreibschwachen Schülerinnen und Schülern zeigen, dass diese bereits beim Durchgliedern der gesprochenen Sprache Schwierigkeiten haben. Diese Gliederungsschwäche wirkt sich hemmend auf den Schriftspracherwerb aus. Daher ist das Erfassen von Wortdetails besonders wichtig, um den Blick für die Binnenstruktur zu schärfen.

Silben als überschaubare Wortbausteine stellen eine sinnvolle Strukturierung der Wörter dar und regen lesend und schreibend zum Zusammensetzen von Wörtern (auch „Unsinnwörtern“) an. Silbenlottos (KV 19 – 20) und -uhren (KV 14 – 18) sowie Würfelspiele (KV 11 – 13) sind hierbei Motivationshilfen.

Zur Differenzierung sind solche Übungen gedacht, bei denen die Wörter Buchstabenlücken aufweisen.

Zum Erkennen des Anlautes eignen sich Silbenzüge (KV 60–61), Wortfächer (KV 21–26), Anlautpaare (KV 27–36) und Würfelspiele (KV 49–52). Bei den Klammerkarten (KV 37–48), Satz- und Worthäusern (KV 53–59) sowie Bild-Wort-Scheiben (KV 62–66) fehlen Buchstaben sowohl am Wortanfang als auch in der Wortmitte.

Anhand der Purzelwort-Dominos (KV 67–71) sollen die Lernenden das genaue Durchstrukturieren von Wörtern üben, indem sie die richtige Buchstabenfolge herausfinden und aufschreiben. Die passenden Abbildungen dienen als Sinnrahmen.

Rechtschreibstrategien aufbauen

Auf die Übungen zum Erkennen von Wortstrukturen aufbauend sollen durch die folgenden Materialien erste Rechtschreibstrategien geübt und angewendet werden.

Eine Hilfe bei der Sicherung von Wörtern der phonologischen Stufe bilden die wiederkehrenden Wortendungen -e, -er, -el. Diese können mit Silbenhäusern (KV 72–74) geübt werden.

Reimwörter dienen der Analogiebildung. Mit Würfelspielen (KV 75–78) üben die Kinder die Schreibweise von Wörtern, die sich nur am Wortanfang unterscheiden.

Bei den Einzahl-Mehrzahl-Paaren (KV 79–80) wird das Rechtschreibbewusstsein der Lernenden dahingehend sensibilisiert, dass Nomen, die im Singular mit einem -e enden, im Plural ein -n angehängt bekommen.

Die Groß- und Kleinschreibung von Nomen und Verben kann im Stop-Spiel (KV 81–82c) mit Fragekarten trainiert werden.

Mit Silbenzügen (KV 83–86) können einfache zusammengesetzte Substantive geübt werden. Diese Übung eignet sich vorwiegend für leistungsstärkere Schülerinnen und Schüler.

Da Schülerinnen und Schüler beim Freien Schreiben vor allem Verben der 1. und 3. Person verwenden, werden diese Beugungsformen an einfachen, im Wortstamm gleichbleibenden Zeitwörtern mit Dominos (KV 93–98) und Wortscheiben (KV 87–92) geübt.

Mit den Satzstreifen (KV 99–100) kann einerseits das Erkennen, Einprägen und richtige Schreiben der einzelnen Wörter eines Satzes in einer Wörterschlange geübt werden.

Andererseits kann mit den Satzstreifen das Einsetzen der richtigen Beugungsform von Verben in einem Sinnzusammenhang gefördert werden.

Arbeitstechniken üben

Genaues Lesen, bewusstes Abhören und sorgfältiges Aufschreiben sind wesentliche Arbeitstechniken beim Schriftspracherwerb. Insbesondere im Medienzeitalter müssen diese Einstellungen oft mit großem Zeitaufwand eingeübt und eingefordert werden. Das Auswendigschreiben einfach strukturierter Wörter wird mit Bild-Wort-Scheiben (KV 101–103) und Wortstreifen (KV 104–105) unterstützt.

Sämtliche Arbeitsmittel und Übungen bieten die Möglichkeit der Selbstkontrolle durch die Kinder. Auf diese Weise wird die Lesefähigkeit und Selbstständigkeit der Lernenden gefördert sowie deren Fehlersensibilität geschult.

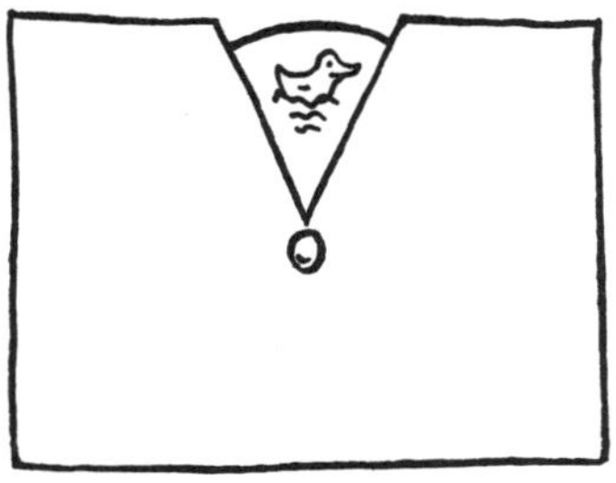

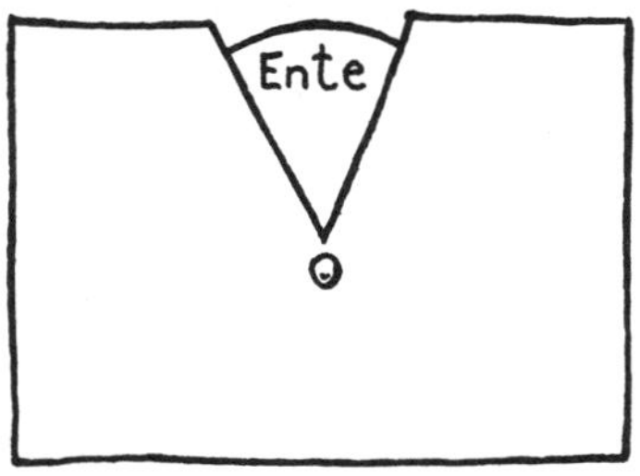

Hinweise zum Umgang mit den Kopiervorlagen

Aus den vorliegenden Kopiervorlagen sind *Arbeitsmittel* und *Spiele* herzustellen, die zur besseren Haltbarkeit auf dünnen Karton kopiert und laminiert werden können. Sie eignen sich zum Einsatz bei der Freiarbeit oder in differenzierenden Übungsphasen.

Als *Wortmaterial* dienen Nomen, Verben und Adjektive vor allem der phonetischen Stufe, also *lauttreue Wörter*. Diese sollen die Schülerinnen und Schüler sich lesend und schreibend einprägen.

Hierfür sollte von jedem Kind ein *Heft* angelegt werden, sodass sowohl der Lernfortschritt als auch Schwierigkeiten sichtbar werden. Dieses Begleitheft kommt bei allen Übungen, außer denen zur Lautdifferenzierung, zum Einsatz.

Selbstkontrollen tragen dazu bei, den Übungserfolg bewusst zu machen und fördern gleichzeitig das Lesen.

Die Arbeitsmittel und Spiele berücksichtigen verschiedene *Sozialformen*. Paare werden am besten mit einem Partnerkind gespielt. Für die Dominos und Häuser bietet sich sowohl die Einzel- als auch Partnerarbeit an. Die Würfelspiele eignen sich zur Partner- oder Gruppenarbeit. Alle restlichen Übungen sollten von den Kindern allein bearbeitet werden.

Die Kopiervorlagen wurden in *Druckschrift* angefertigt. Abhängig davon, wann im Rahmen des Schriftspracherwerbs die verbundene Schrift eingeführt wird, ist eine Übertragung der Übungen in Schreibschrift möglich. Als Beispiel sollen die Satzstreifen dienen (vgl. KV 99–100).

Die Übungen können auf einer Lerntheke angeboten werden. Zunächst werden sie von der Lehrkraft erklärt. Diese *Arbeitsanweisung* lässt man am besten von einem Kind wiederholen. Je nach Leseleistung der Schülerinnen und Schüler können diese Arbeitsanweisungen nochmals auf Karteikarten stehen. In jedem Fall bietet es sich an, dass auf einer solchen Karte z. B. durch Piktogramme dargestellt wird, welche Sozialform zum Einsatz kommt und ob die Kinder ihr Schreibheft benötigen.

Sämtliche Übungen sollten *durchnummeriert* werden. Die jeweilige Nummer wird von dem Kind in das Begleitheft geschrieben. So kann die Lehrkraft nachvollziehen, welche von dem Kind aufgeschriebenen Wörter zu welcher Übung gehören. Stärken und Schwächen der Lernenden können so gut erkannt werden und ermöglichen eine individuelle Förderung.

Im Folgenden werden zu den einzelnen Arbeitsmitteln und Spielen hinsichtlich ihrer Herstellung und Durchführung Erläuterungen gegeben. Die Anordnung der Materialien erfolgt dabei nach rechtschreibdidaktischen Aspekten.

Übungen zur Lautdifferenzierung

KV 1–3 Reimwort- und Anlauthäuser

Herstellung: Die Kopiervorlagen müssen so zusammengeklebt werden, dass die Häuser auf der Vorder- und Rückseite passend sind. Anschließend werden die Häuser auseinandergeschnitten.
Durchführung: Die Kinder sollen das passende Dach auf die Hauswände setzen, die Reimwörter sprechen und ihr Ergebnis durch Umdrehen der Häuser kontrollieren (identische Zahl im Dach und im Haus).

KV 4 Anlautpaare

Herstellung: Die Spielkarten werden ausgeschnitten.
Durchführung: Die Kinder müssen Paare finden, die mit dem gleichen Anlaut beginnen. Dafür

werden die gemischten Karten zunächst verdeckt hingelegt. Die am Spiel Teilnehmenden können nun abwechselnd zwei Karten umdrehen. Haben sie ein Paar gefunden (identische Zahl neben der Abbildung), behalten sie dieses. Gewonnen hat das Kind mit den meisten Paaren.

KV 5–8 Anlaut-Würfelspiele

Herstellung: Die Spielbrett-Kopiervorlage wird auf A3 vergrößert und der Kontrollstreifen ausgeschnitten.
Durchführung: Die Lernenden spielen entsprechend den Anweisungen, die auf der Kopiervorlage stehen. Die Ergebnisse werden mit einem Kontrollstreifen überprüft.

KV 9–10 Selbstlaut-Mitlaut-Puzzles

Herstellung: Die äußeren Kreissegmente werden ausgeschnitten. Ein vollständiges Puzzle wird als Kontrollblatt kopiert.
Durchführung: Die Kreissegmente werden durcheinandergemischt. Die Kinder müssen die Bildfünftel oder -viertel des inneren Kreises auf den jeweiligen Laut abhören und dann das passende Kreissegment anlegen. Anschließend vergleichen die Lernenden ihr Puzzle mit einem Kontrollblatt.

Übungen zur Wortstrukturierung

KV 11–13 Silben-Würfelspiele

Herstellung: Vgl. KV 5 – 8
Kontrollstreifen müssen entsprechend der Anzahl der Kinder kopiert werden.
Durchführung: Vgl. ebd.

KV 14–18 Silbenuhren

Herstellung: Die Vorder- und Rückseite der Silbenuhr müssen passend zusammengeklebt werden. Anschließend werden die Zeiger mit einer Musterbeutel-Klammer in der Mitte befestigt.
Durchführung: Der große Zeiger muss auf die erste Silbe, der kleine auf die passende zweite Silbe des Wortes gestellt werden. Die so gefundenen Wörter werden aufgeschrieben und anschließend mit der Rückseite der Silbenuhr verglichen.

KV 19–20 Silbenlottos

Herstellung: Die Wortsilben und der Kontrollstreifen werden ausgeschnitten.
Durchführung: Die Wortsilben werden gemischt und auf die zum Bild passenden freien Felder gelegt. Die Kinder schreiben die gesuchten Wörter auf und vergleichen mit dem Kontrollstreifen.

KV 21–26 Wortfächer

Herstellung: Die Kopiervorlagen müssen so zusammengeklebt werden, dass die Wortfächer auf der Vorder- und Rückseite passend sind. Die einzelnen Streifen werden ausgeschnitten und mit einer Musterbeutel-Klammer verbunden, sodass der fehlende Anfangsbuchstabe oben erscheint.
Durchführung: Die Kinder öffnen den Wortfächer und suchen den passenden Anfangslaut. Anschließend schreiben sie das vollständige Wort auf und kontrollieren dieses mit der Rückseite des Wortfächers.

KV 27–36 Anlautpaare

Herstellung: Vgl. KV 4
Das Kontrollblatt muss kopiert werden.
Durchführung: Vgl. ebd.
Das Kind vergleicht zunächst die Zahlen auf dem Kartenpaar. Bei einem passenden Paar sind diese identisch. Dann schreibt es die gesuchten Wörter auf und vergleicht diese mit dem Kontrollblatt.

KV 37–48 Klammerkarten

Herstellung: Die Kopiervorlagen werden so zusammengeklebt, dass Vorder- und Rückseite passend sind. Die einzelnen Klammerkarten werden auseinandergeschnitten. Die Buchstaben werden ausgeschnitten und auf Holzwäscheklammern geklebt.
Durchführung: Die beklebten Wäscheklammern werden auf die entsprechenden Buchstabenlücken „geklammert“. Anschließend wird das Wort aufgeschrieben und mit der Klammerkartenrückseite überprüft.

KV 49–52 Anlaut-Würfelspiele

Herstellung: Die Spielbrett-Kopiervorlage wird auf A3 vergrößert. Die Kopiervorlagen für die Fragekärtchen müssen so zusammengeklebt werden, dass Vorder- und Rückseite passend sind. Anschließend werden die Fragekärtchen ausgeschnitten.
Durchführung: Die Lernenden spielen entsprechend den Anweisungen, die auf der Kopiervorlage stehen. Die Fragekärtchen liegen offen auf einem Stapel. Die Kinder kontrollieren direkt nach jeder Frage, ob sie das passende Wort gefunden und richtig aufgeschrieben haben. Dafür müssen sie die jeweilige Fragekarte umdrehen.

KV 53–59 Satz- und Worthäuser

Herstellung: Vgl. KV 1–3
Durchführung: Die Kinder sollen das passende Dach auf die Hauswände setzen (identische Abbildung im Dach und im Haus). Anschließend sollen sie das gesuchte Wort aufschreiben und mit der Rückseite des Satz- bzw. Worthauses kontrollieren.

KV 60–61 Silbenzüge

Herstellung: Die Lok und die einzelnen Waggons werden auseinandergeschnitten. Für die Kontrolle schneidet man immer einen vollständigen Zug aus.
Durchführung: Die Kinder müssen die drei passenden Waggons an die richtige Lok „hängen“, wobei die Abbildungen in den Wagendächern eine Hilfe sind. Anschließend schreiben die Kinder das ganze Wort auf und überprüfen dieses mit einem Kontrollstreifen (= Kontrollzug).

KV 62–66 Bild-Wort-Scheiben

Herstellung: Die Kopiervorlagen müssen so zusammengeklebt werden, dass die Bild-Wort-Scheiben auf der Vorder- und Rückseite passend sind. Die Hülle wird in der Mitte gefaltet und über die Scheiben geschoben. Eine Musterbeutel-Klammer in der Mitte hält alles zusammen.
Durchführung: Auf der Vorderseite der Bild-Wort-Scheibe ist ein Lückenwort mit passendem Bild. Das gesuchte Wort muss vollständig aufgeschrieben und anschließend mit der Rückseite der Bild-Wort-Scheibe kontrolliert werden.

KV 67–71 Purzelwort-Dominos

Herstellung: Die Dominosteine werden ausgeschnitten. Der Kontrollstreifen wird durch Zusammenkleben der Dominos hergestellt.
Durchführung: Die Dominosteine bestehen aus zwei Hälften: Auf der vorderen Hälfte steht ein Purzelwort, das zu einem sinnvollen Wort zusammengesetzt werden muss. Auf der hinteren Hälfte ist eine Abbildung, die dabei hilft den nächsten passenden Dominostein zu finden. Zuerst wird der Dominostein mit A (= Anfang) hingelegt. Der letzte Dominostein hat ein E (= Ende) und passt zum A-Stein. Hat ein Kind ein Dominopaar (Wort + passende Abbildung) gefunden, schreibt es das Wort auf und überprüft dieses nach Spielende mit dem Kontrollstreifen.

Übungen zum Aufbau von Rechtschreibstrategien

KV 72–74 Silbenhäuser

Herstellung: Vgl. KV 1–3
Durchführung: Vgl. KV 53–59

KV 75–78 Reimwort-Würfelspiele

Herstellung: Vgl. KV 5–8
Durchführung: Vgl. ebd.

KV 79–80 Einzahl-Mehrzahl-Paare

Herstellung: Vgl. KV 27–36
Durchführung: Vgl. ebd.

KV 81–82c Groß- und Kleinschreibung-Würfelspiel

Herstellung: Vgl. KV 49–52
Durchführung: Vgl. ebd.

KV 83–86 Silbenzüge

Herstellung: Vgl. KV 60–61
Durchführung: Vgl. ebd.

KV 87–92 Verb-Scheiben

Herstellung: Für die „Aufgabenscheibe“ muss auf der oberen Scheibe ein Ausschnitt entfernt werden. Bei der „Kontrollscheibe“ sind es zwei. Bei beiden werden die obere und die untere Scheibe mit einer Musterbeutel-Klammer verbunden.
Durchführung: Die gesuchte Beugungsform sollte richtig gesprochen, dann aufgeschrieben und zuletzt mit der Kontrollscheibe überprüft werden.

KV 93–98 Verb-Dominos

Herstellung: Vgl. KV 67–71
Durchführung: Vgl. ebd.
Anstelle der Purzelwörter muss hier an die Grundform des Verbs die 1. Person angelegt werden. Anschließend wird die Beugungsform vollständig aufgeschrieben und kontrolliert.

KV 99–100 Satzstreifen

Herstellung: Die Kopiervorlagen müssen so zusammengeklebt werden, dass die Satzstreifen auf der Vorder- und Rückseite passend sind. Dann werden die Satzstreifen ausgeschnitten, aufgerollt und so in eine Streichholzschachtel gelegt, dass beim Herausziehen zuerst der Arbeitsauftrag erscheint.
Durchführung: Die Kinder ziehen den Streifen aus der Streichholzschachtel und erfüllen die dort stehenden Arbeitsaufträge. Zur Kontrolle wird der Satzstreifen umgedreht.

Übungen zur Förderung von Arbeitstechniken

KV 101–103 Bild-Wort-Scheiben

Herstellung: Vgl. KV 62–66
Durchführung: Die Kinder müssen zu den Abbildungen auf der Vorderseite der Bild-Wort-Scheibe die passenden Wörter finden. Diese sollen aufgeschrieben und anschließend mit der Rückseite der Bild-Wort-Scheibe kontrolliert werden.

KV 104–105 Wortstreifen

Herstellung: Vgl. KV 99–100
Durchführung: Vgl. ebd.

Kopiervorlage 1: Reimworthäuser – Vorderseite

Kopiervorlage 2: Anlauthäuser – Vorderseite

Kopiervorlage 3: Reimwort- und Anlauthäuser – Rückseite (Kontrolle)

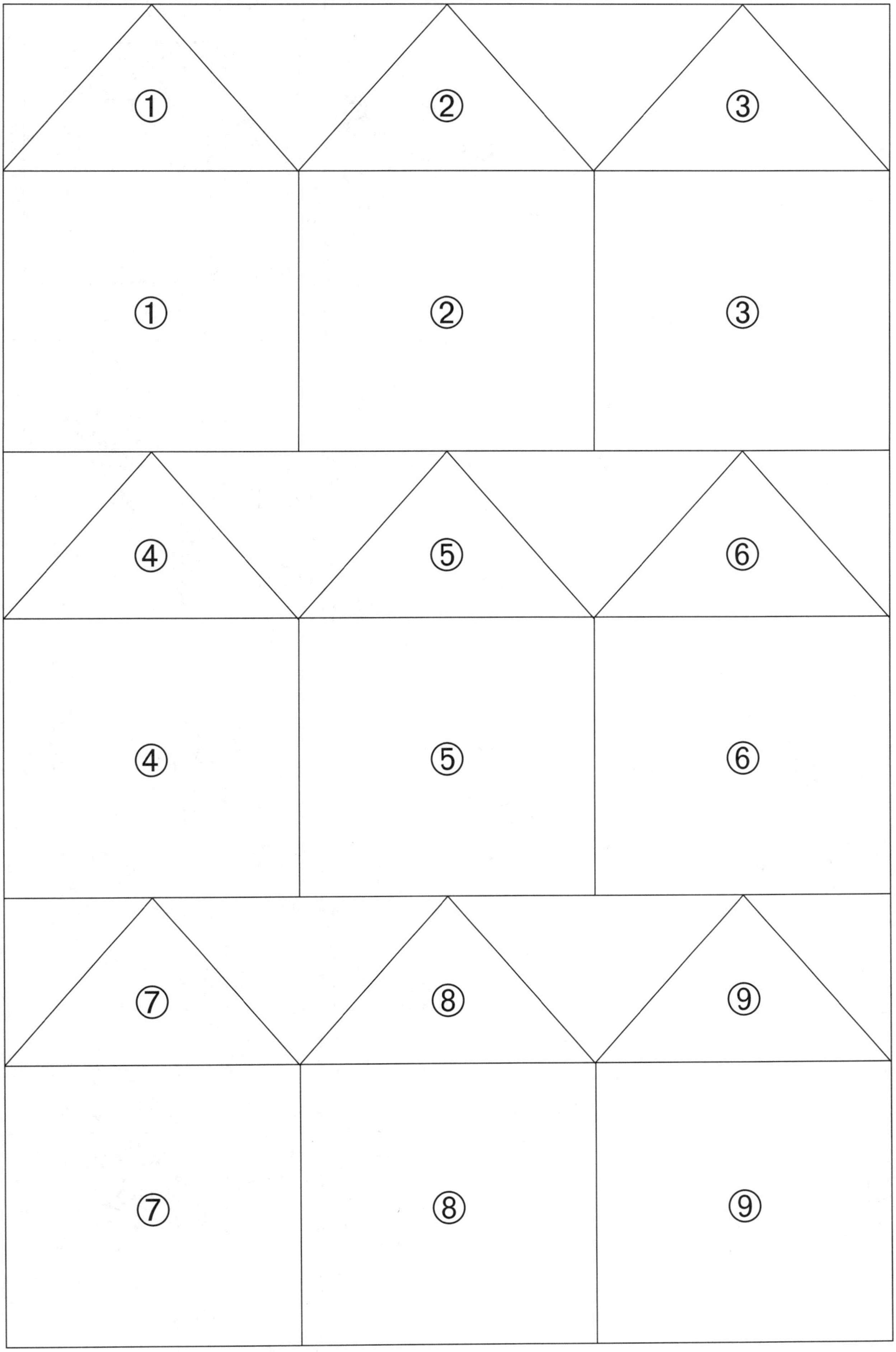

Kopiervorlage 4: Anlautpaare

Kopiervorlage 5: Anlaut-Würfelspiele

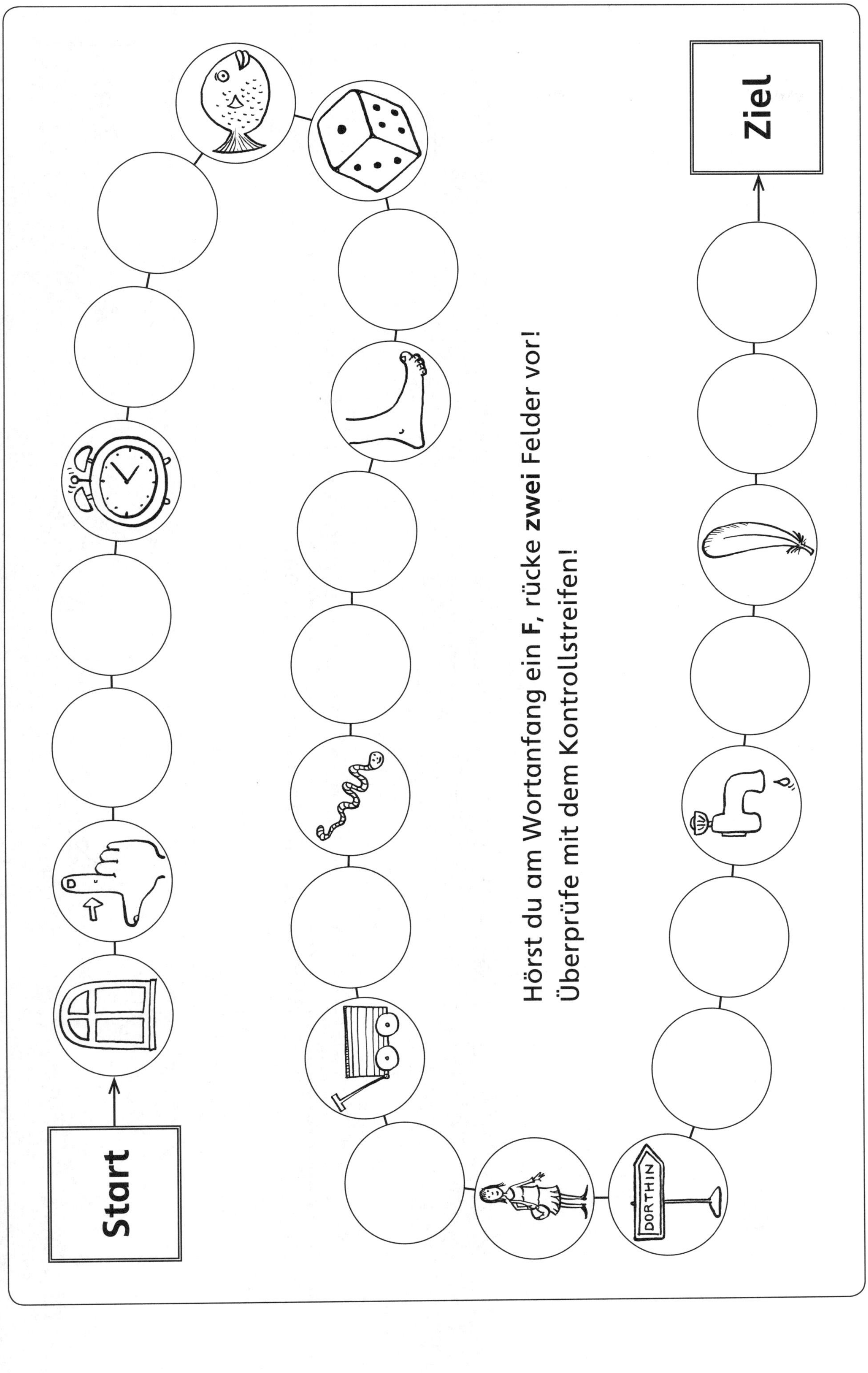

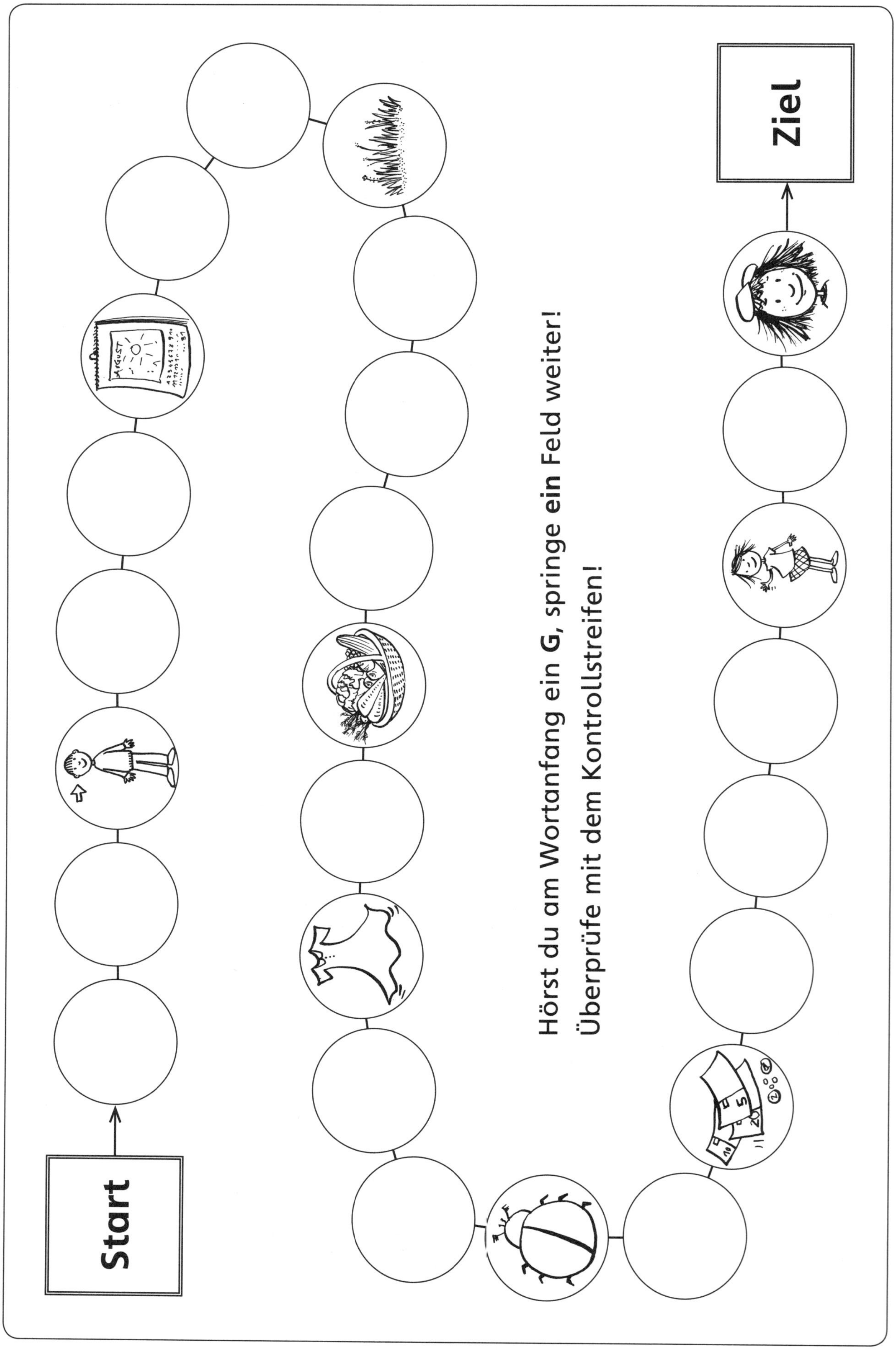
Start
Ziel
Hörst du am Wortanfang ein **G**, springe **ein** Feld weiter!
Überprüfe mit dem Kontrollstreifen!

Kopiervorlage 7: Anlaut-Würfelspiele

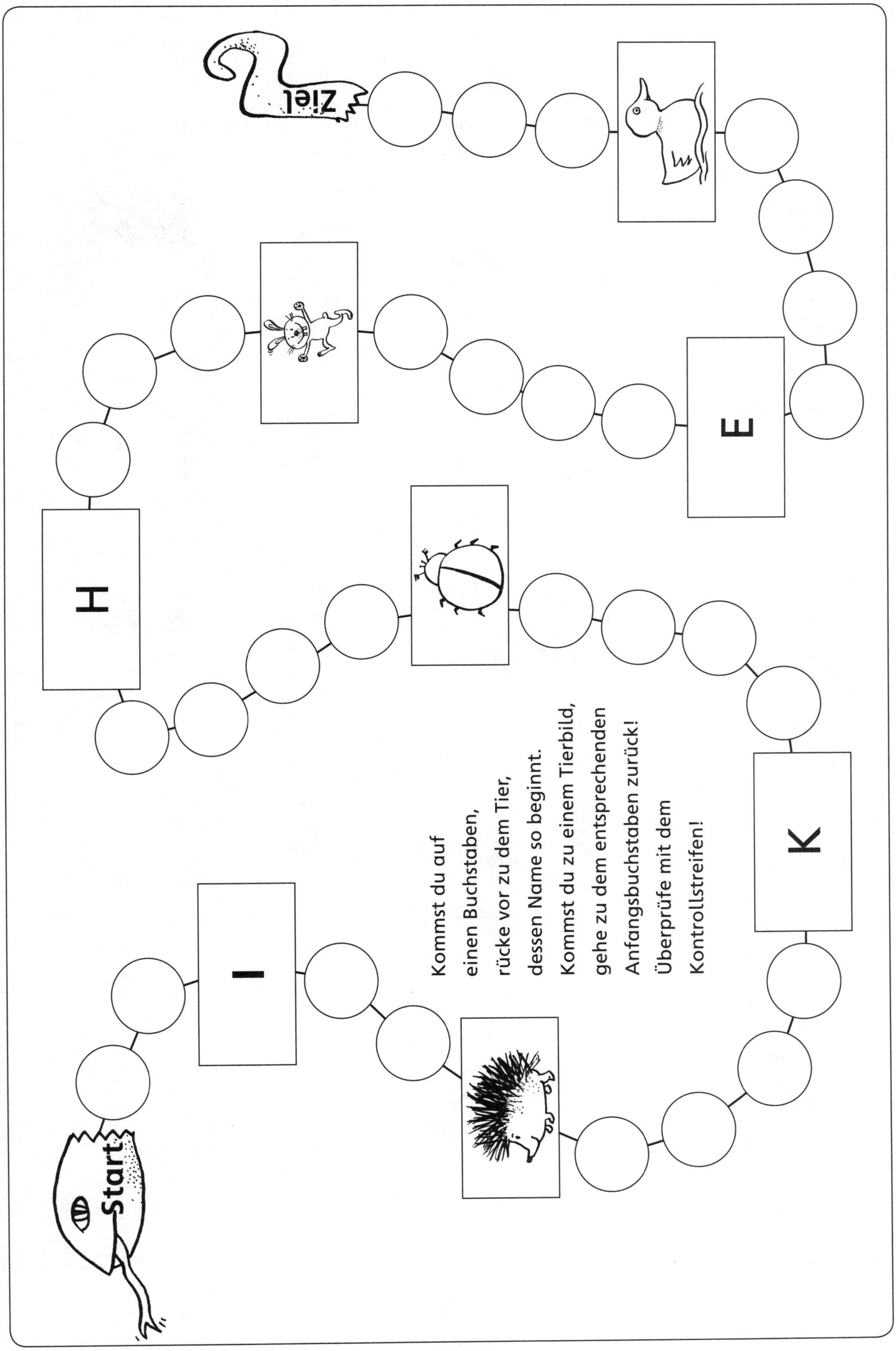

Kontrollstreifen

Kopiervorlage 5

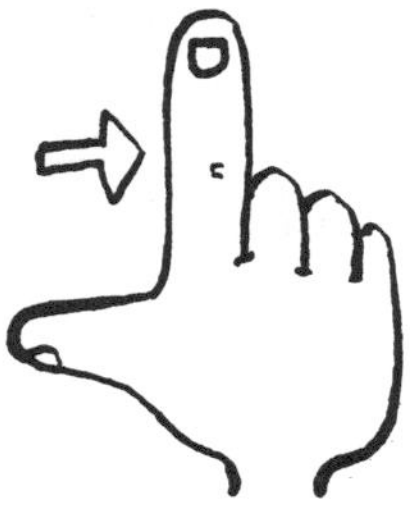

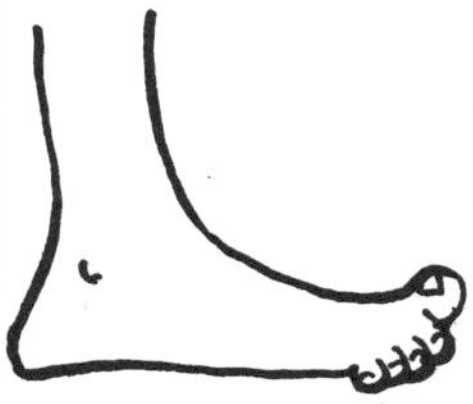

Kopiervorlage 6

Kopiervorlage 7

I	
K	
H	
E	

Kopiervorlage 9: Selbstlaut-Mitlaut-Puzzles

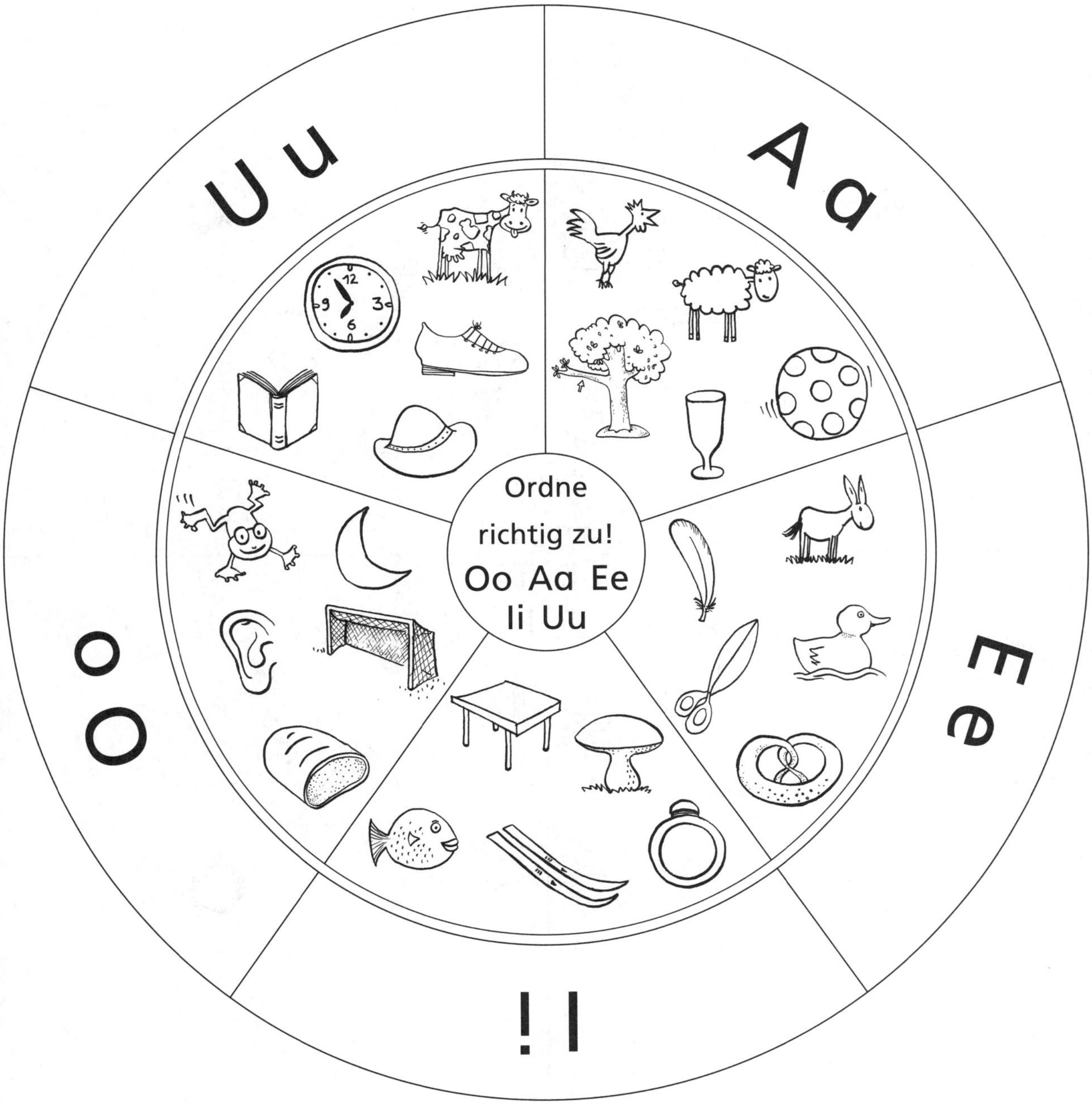

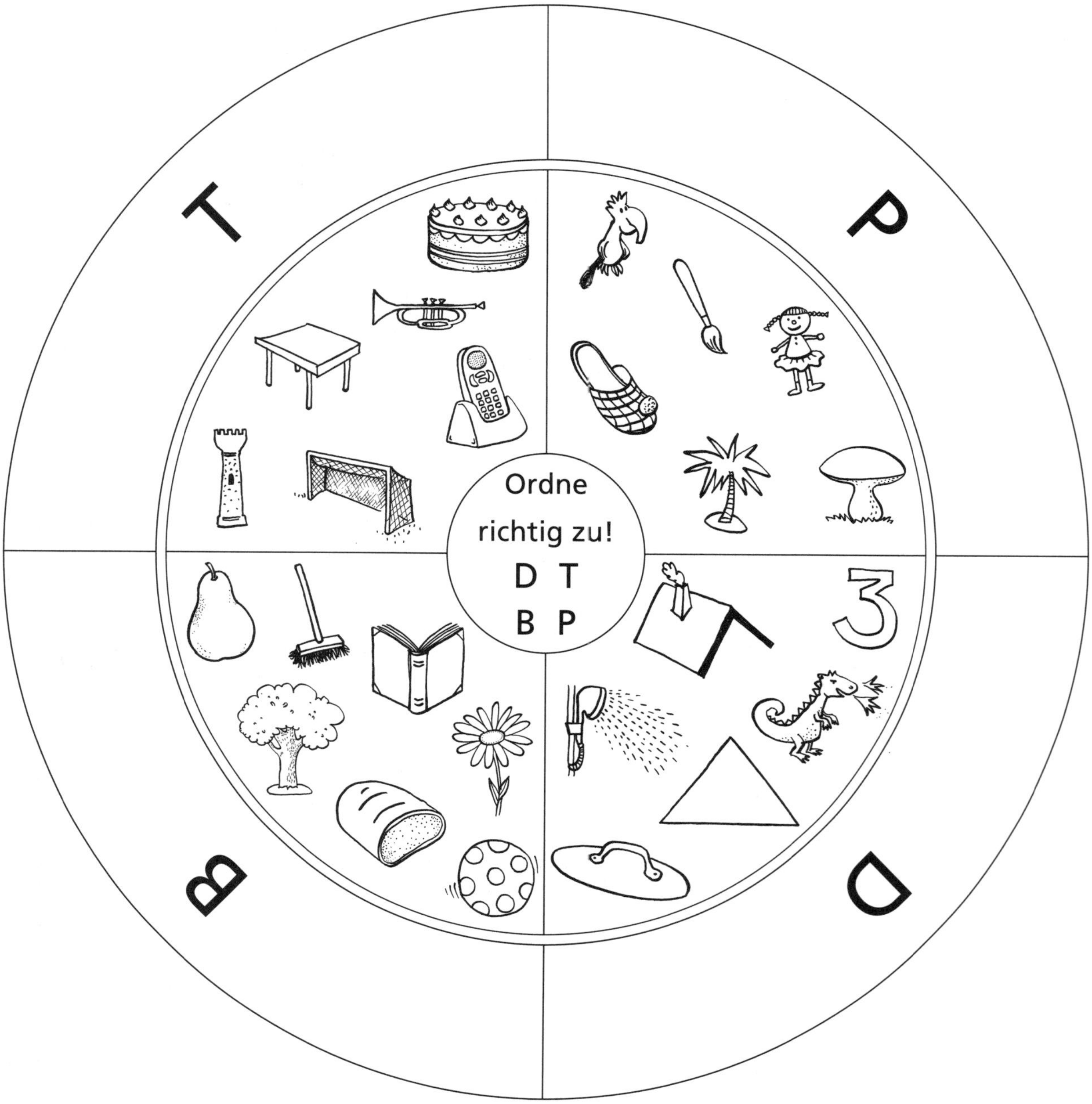
T
P
B
D
Ordne
richtig zu!
D T
B P

Kopiervorlage 11: Silben-Würfelspiele

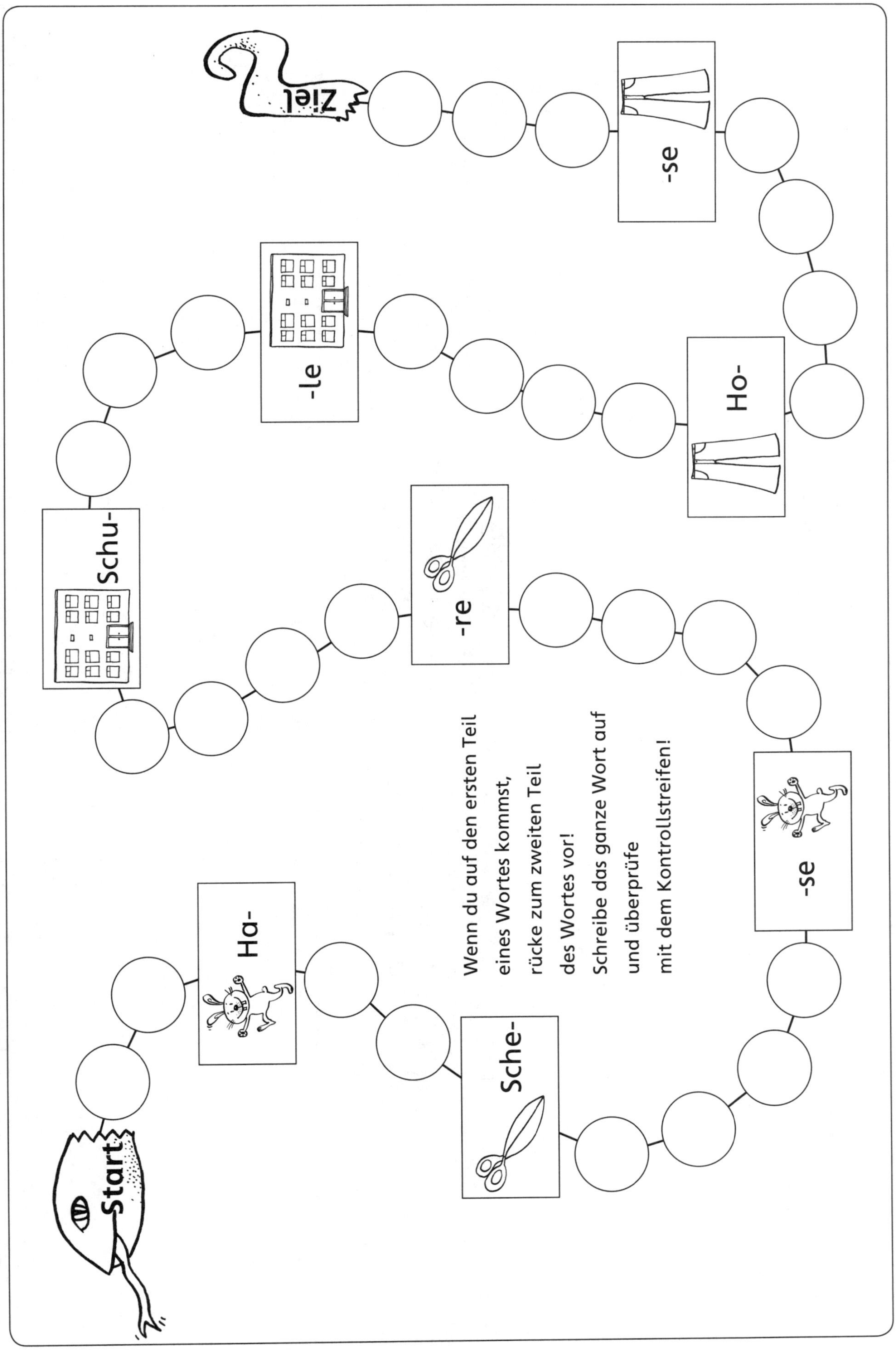

Wenn du auf den ersten Teil eines Wortes kommst, rücke zum zweiten Teil des Wortes vor!
Schreibe das ganze Wort auf und überprüfe mit dem Kontrollstreifen!

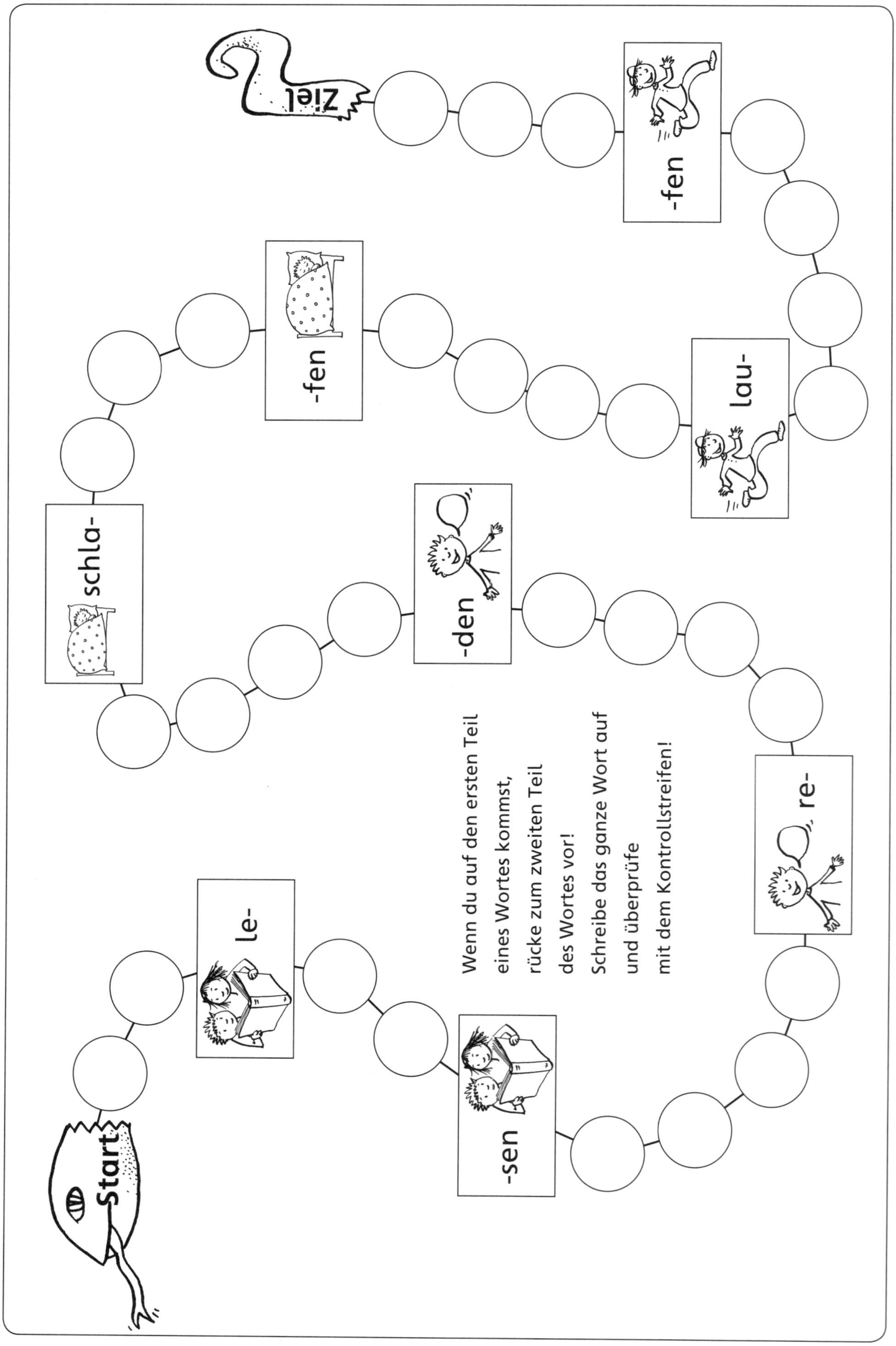
Start
le-
-sen
schla-
-fen
-den
re-
lau-
-fen
Ziel
Wenn du auf den ersten Teil
eines Wortes kommst,
rücke zum zweiten Teil
des Wortes vor!
Schreibe das ganze Wort auf
und überprüfe
mit dem Kontrollstreifen!

Kontrollstreifen

Kopiervorlage 11

 Ha	se 
 Sche	re 
 Schu	le 
 Ho	se 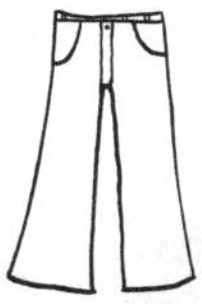

Kopiervorlage 12

 le	sen 
 re	den 
 schla	fen 
 lau	fen 

Kopiervorlage 14: Silbenuhren

Vorderseite

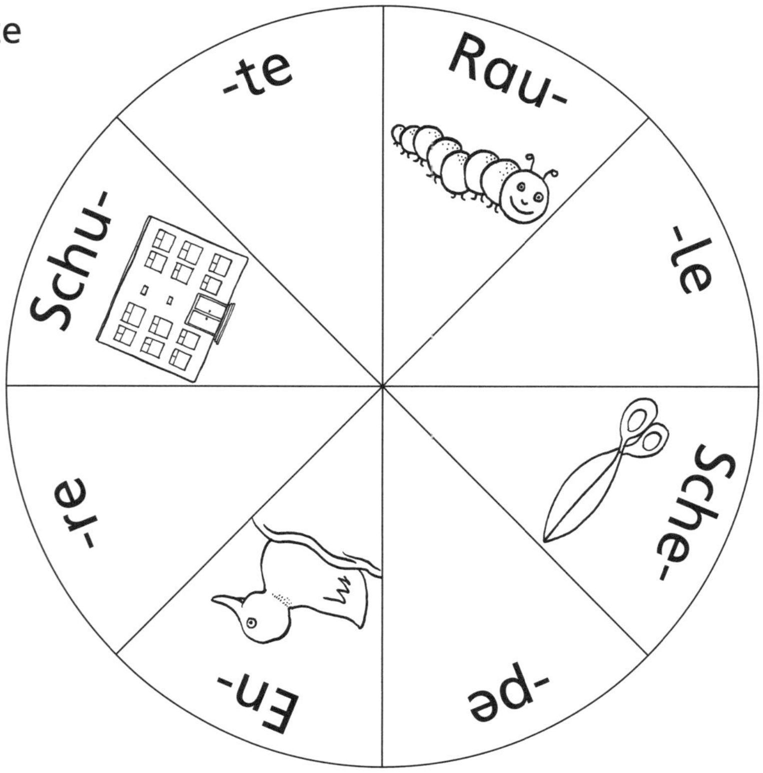

Rückseite
(Kontrolle)

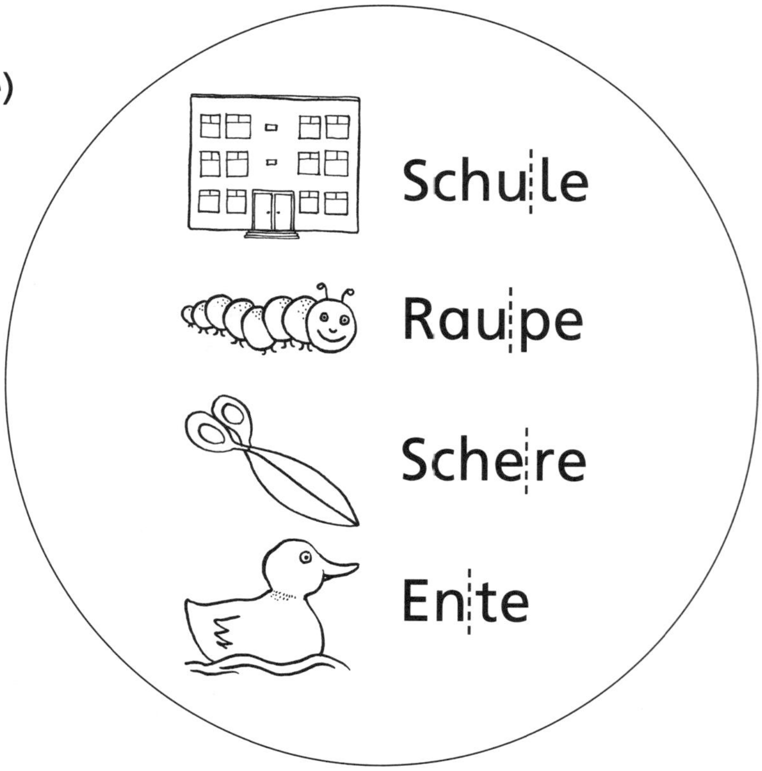

Kopiervorlage 15: Silbenuhren

Vorderseite

Rückseite
(Kontrolle)

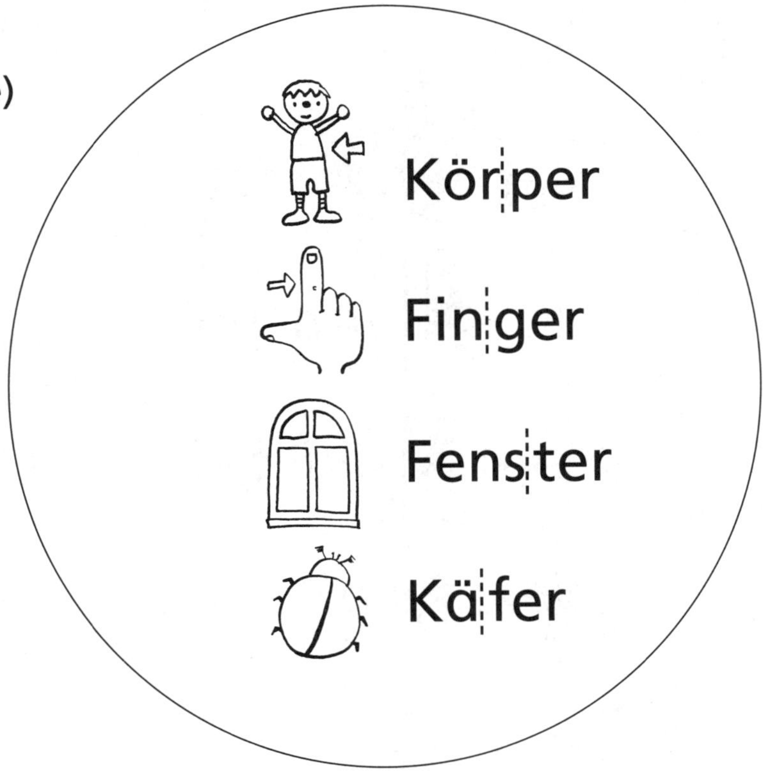

Vorderseite

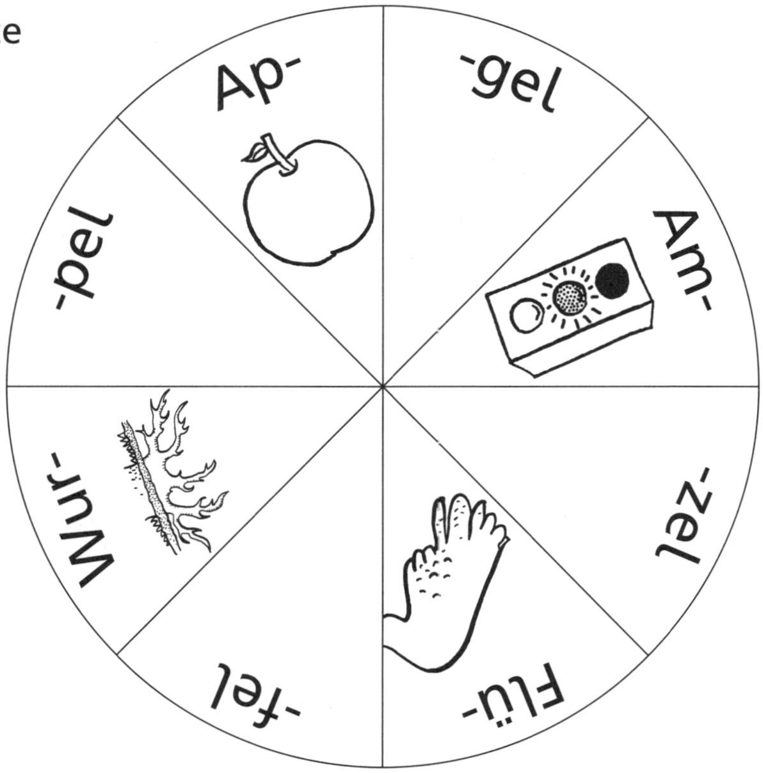

Rückseite
(Kontrolle)

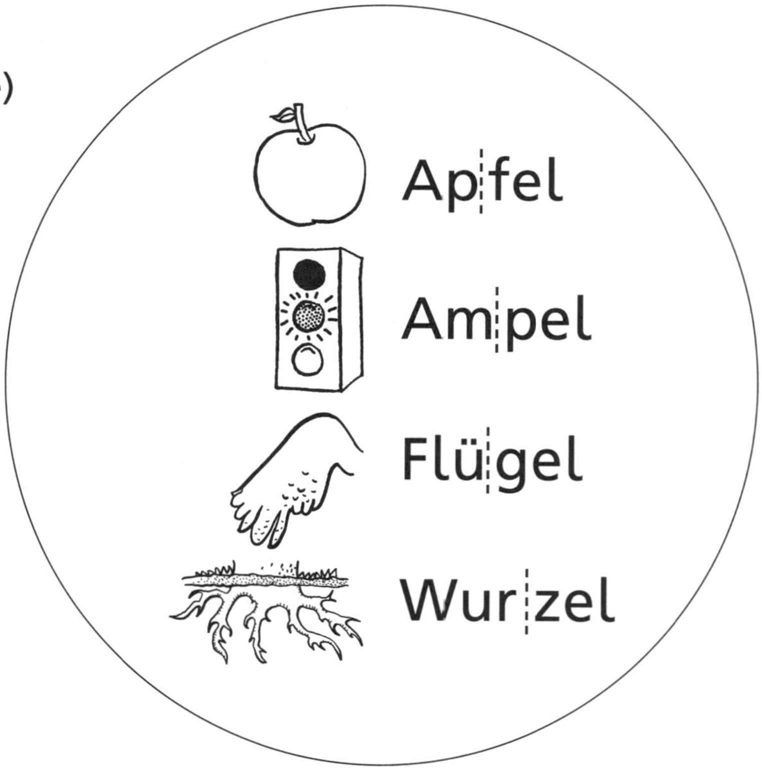

Vorderseite

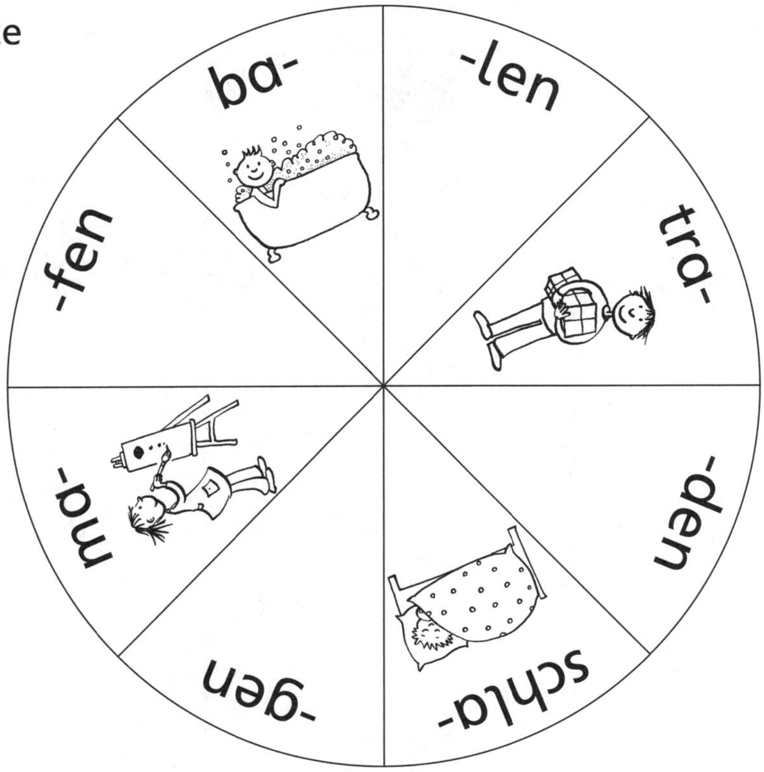

Rückseite
(Kontrolle)

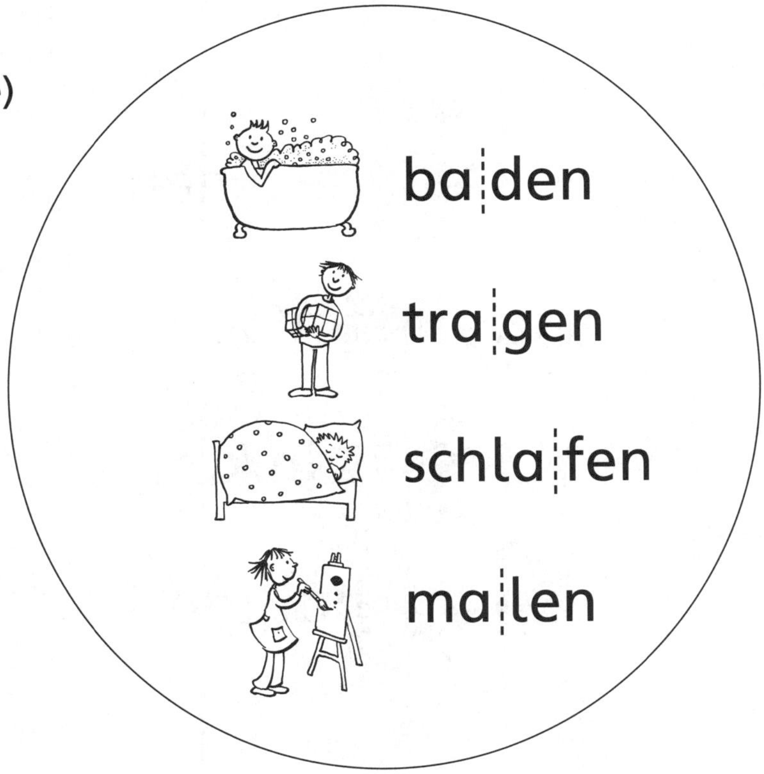

Vorderseite

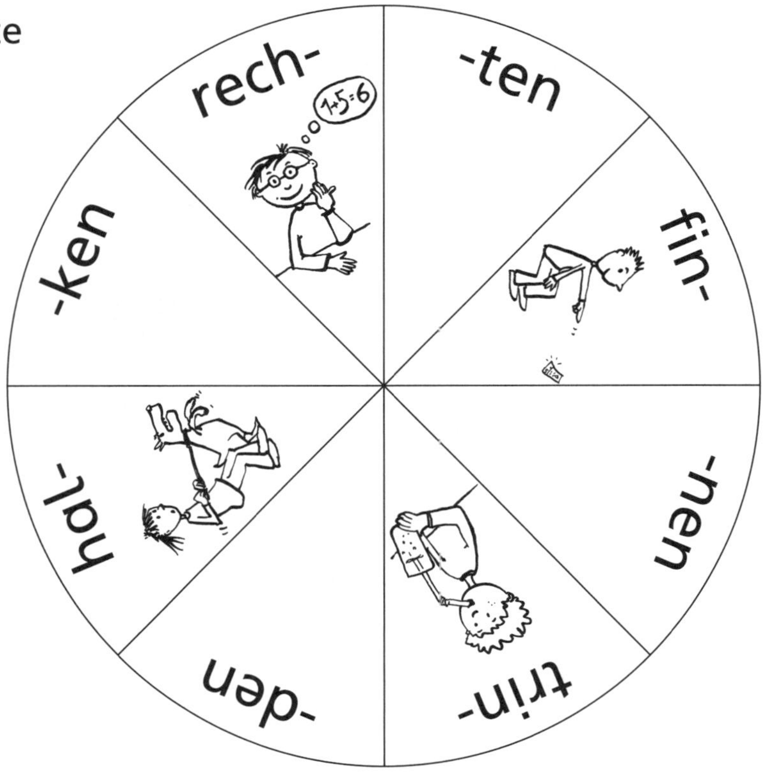

Rückseite
(Kontrolle)

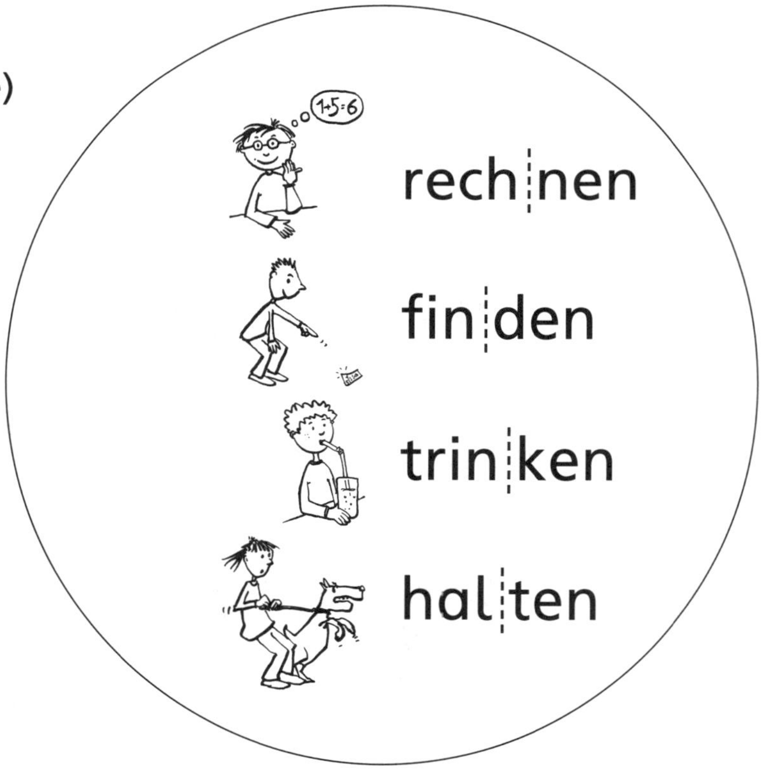

Blu-	-me
Rau-	-pe
Schu-	-le
Ta-	-sche
Ho-	-se

Kontrollstreifen

Blume
Raupe
Schule
Tasche
Hose

Kontrollstreifen

Mädchen
Flügel
Ampel
Regen
Käfer

Mäd-	-chen
Flü-	-gel
Am-	-pel
Re-	-gen
Kä-	-fer

Kopiervorlage 21: Wortfächer – Vorderseite

	r	o	t
•	•	•	•

	a	f	t
•	•	•	•

	n	t	e
•	•	•	•

	a	s	e
•	•	•	•

Kopiervorlage 22: Wortfächer – Rückseite (Kontrolle)

S	a	f	t	B	r	o	t
•	•	•	•	•	•	•	•

H	a	s	e	E	n	t	e
•	•	•	•	•	•	•	•

Kopiervorlage 23: Wortfächer – Vorderseite

	au	m

	u	n	g	e

	t	o

	l	u	m	e

Kopiervorlage 24: Wortfächer – Rückseite (Kontrolle)

J	u	n	g	e
•	•	•	•	•

B	au	m
•	•	•

B	l	u	m	e
•	•	•	•	•

Au	t	o
•	•	•

Kopiervorlage 25: Wortfächer – Vorderseite

	r	m
•	•	•

	i	r	n	e
•	•	•	•	•

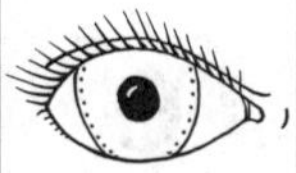	g	e
•	•	•

	e	g	e	n
•	•	•	•	•

Kopiervorlage 26: Wortfächer – Rückseite (Kontrolle)

B	i	r	n	e
•	•	•	•	•

A	r	m
•	•	•

R	e	g	e	n
•	•	•	•	•

Au	g	e
•	•	•

①  _aus	①  _ase	②  _alz	②  _aft
③  _elefon	③  _asche	④  _rot	④  _uch
⑤  _esicht	⑤  _ras	⑥  _opf	⑥  _raut
⑦  __to	⑦ 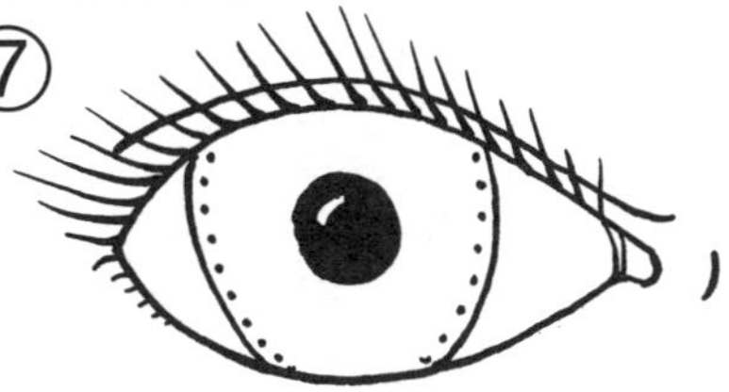 __ge	⑧  ____ule	⑧  ____ere

①  Haus	①  Hase	②  Salz	②  Saft
③  Telefon	③  Tasche	④  Brot	④  Buch
⑤  Gesicht	⑤  Gras	⑥  Kopf	⑥  Kraut
⑦  Auto	⑦ 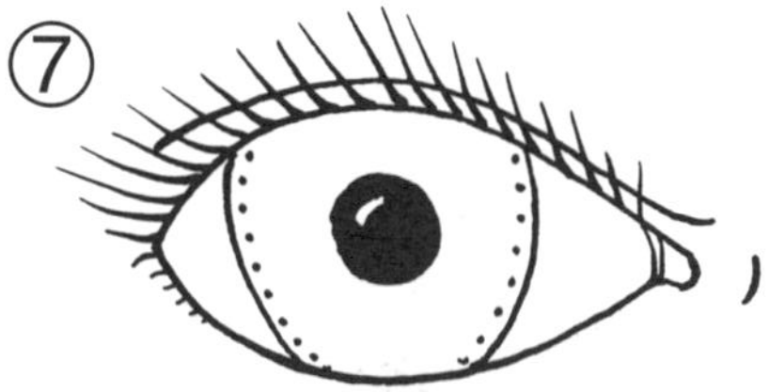 Auge	⑧  Schule	⑧  Schere

①  _aupe	①  _egen	②  _mpel	②  _pfel
③  _inger	③  _lügel	④  _äfer	④  _alender
⑤  _ädchen	⑤  _aus	⑥ 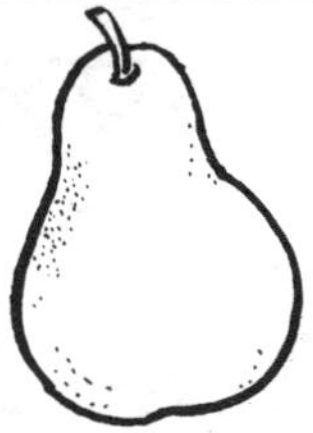 _irne	⑥  _ank
⑦  _urzel	⑦  _ind	⑧  _und	⑧ 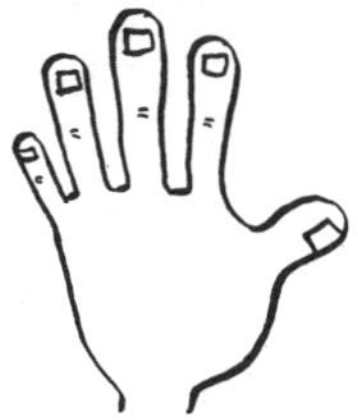 _and

①  Raupe	①  Regen	② 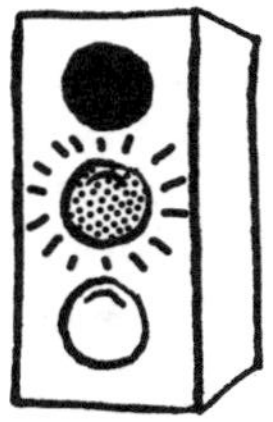 Ampel	②  Apfel
③  Finger	③  Flügel	④  Käfer	④  Kalender
⑤  Mädchen	⑤  Maus	⑥  Birne	⑥  Bank
⑦ 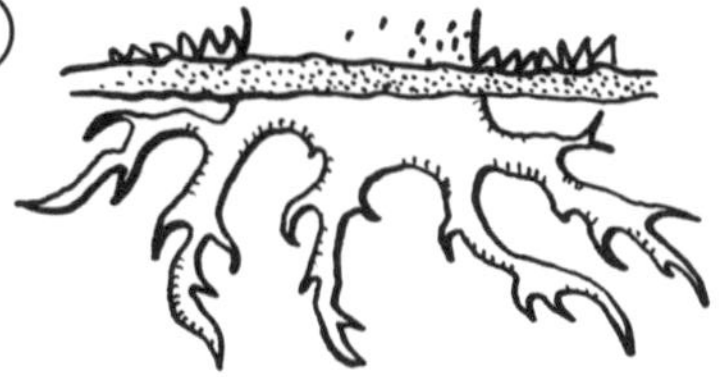 Wurzel	⑦  Wind	⑧  Hund	⑧  Hand

①

_ esen

①

_ aufen

②

_ ingen

②

_ uchen

③

_ aden

③

_ auen

④

_ ören

④

_ alten

⑤
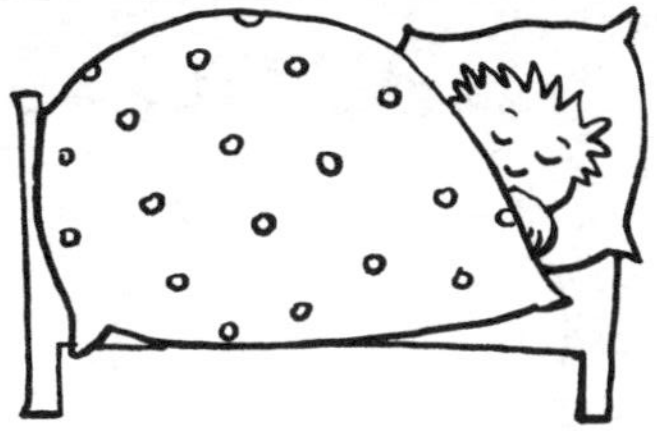
_ _ _ lafen

⑤

_ _ _ lagen

⑥

_ alen

⑥

_ achen

⑦

_ echnen

⑦

_ ufen

⑧

_ inden

⑧

_ ragen

①  lesen	①  laufen	②  singen	②  suchen
③  baden	③  bauen	④  hören	④  halten
⑤ 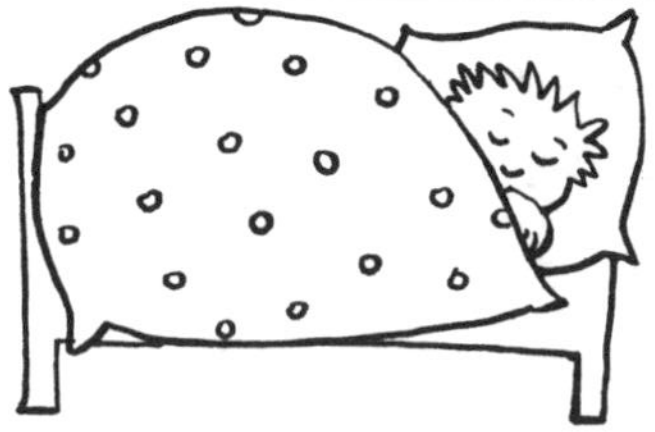 schlafen	⑤  schlagen	⑥  malen	⑥  machen
⑦  rechnen	⑦  rufen	⑧  finden	⑧  fragen

Kopiervorlage 33: Anlautpaare

①  H	① _ase	②  E	② _nte
③  R	③ _aupe	④  M	④ _aus
⑤  B	⑤ _aum	⑥  A	⑥ _st
⑦  B	⑦ _lume	⑧  G	⑧ _ras

Kopiervorlage 34: Anlautpaare– Kontrollblatt

① 	① Hase	② 	② Ente
③ 	③ Raupe	④ 	④ Maus
⑤ 	⑤ Baum	⑥ 	⑥ Ast
⑦ 	⑦ Blume	⑧ 	⑧ Gras

①  l	① _esen	②  m	② _alen
③  s	③ _ingen	④  t	④ _urnen
⑤  b	⑤ _auen	⑥  t	⑥ _rinken
⑦  b	⑦ _aden	⑧  sch	⑧ _ _ _lafen

① 	① lesen	② 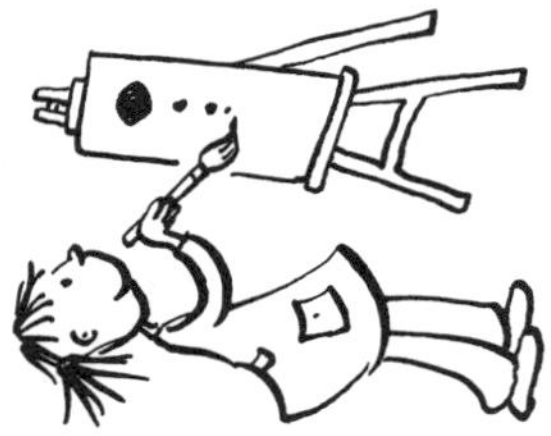	② malen
③ 	③ singen	④ 	④ turnen
⑤ 	⑤ bauen	⑥ 	⑥ trinken
⑦ 	⑦ baden	⑧ 	⑧ schlafen

Kopiervorlage 37: Klammerkarten – Vorderseite

___ aus	___ emüse

___ ase	___ rot
	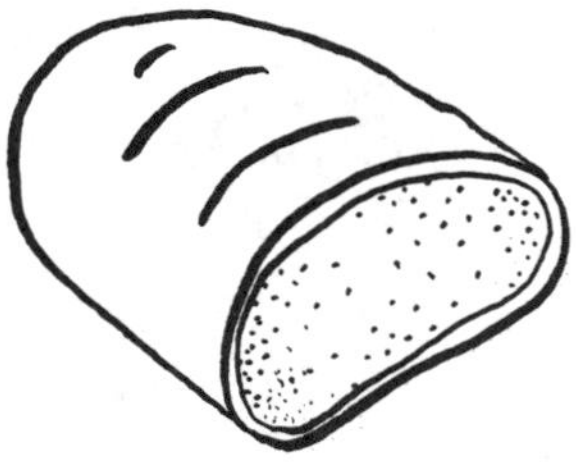
___ aft	___ opf

___ st	___ ose
	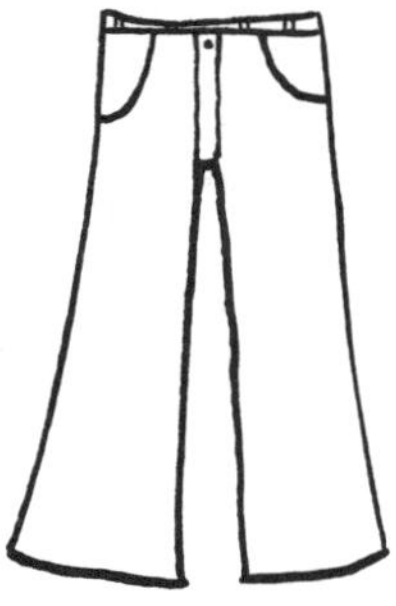

M	N	S	A	G	B	K	H

Kopiervorlage 38: Klammerkarten – Rückseite (Kontrolle)

Gemüse	Maus
Brot	Nase
Kopf	Saft
Hose	Ast

Blu ___ e	Ta ___ e

Rau ___ e	Au ___ e
	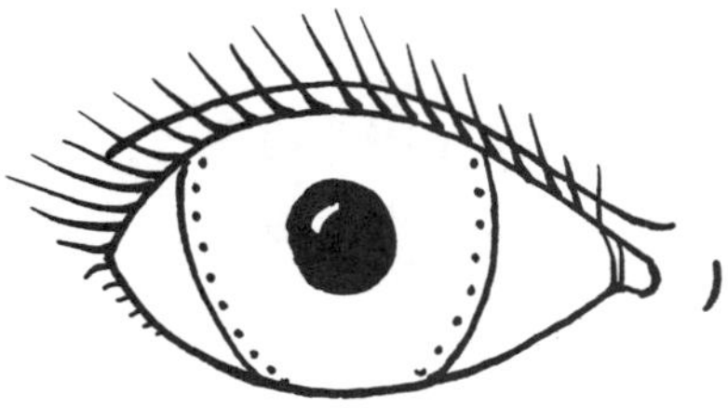
En ___ e	Sche ___ e

Ha ___ e	Schu ___ e

m	p	t	s	sch	g	r	l

Tasche	Blume
Auge	Raupe
Schere	Ente
Schule	Hase

Kopiervorlage 41: Klammerkarten – Vorderseite

Bau___	Gra___

Fr___	Bu___

Bu___	Aut___

Lich___	Telefo___

m	au	ch	t	s	sch	o	n

Kopiervorlage 42: Klammerkarten – Rückseite (Kontrolle)

Gras	Baum
Busch	Frau
Auto	Buch
Telefon	Licht

Kopiervorlage 43: Klammerkarten – Vorderseite

__ alen	__ eben	__ ragen

__ aden	__ elfen	__ angen

__ esen	__ ingen	__ aren

__ eden	__ lafen	__ ben
	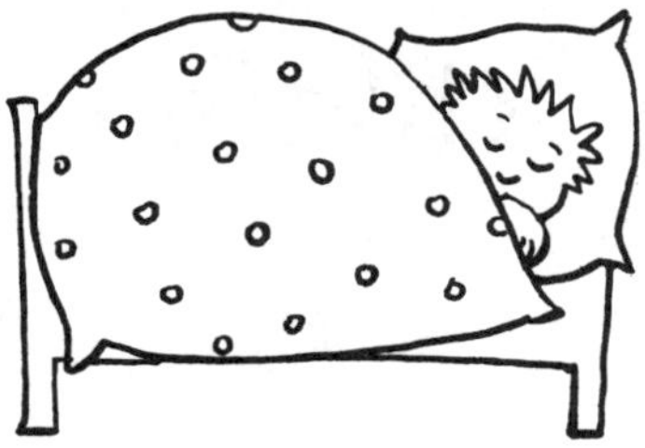	

m	b	l	r	g	h	s	sch	t	f	sp	ü

Kopiervorlage 44: Klammerkarten – Rückseite (Kontrolle)

tragen	geben	malen
fangen	helfen	baden
sparen	singen	lesen
üben	schlafen	reden

lau ___ en	ma ___ en

hal ___ en	tra ___ en

ba ___ en	le ___ en

rech ___ en	hö ___ en

f	t	d	n	ch	g	s	r

machen	laufen
tragen	halten
lesen	baden
hören	rechnen

bös ___

Wie ist die  ?

grü ___

Welche Farbe hat  ?

lau ___

Wie ist die  ?

bl ___

Welche Farbe haben  ?

en _

Wie ist die  ?

brau ___

Welche Farbe hat  ?

schö ___

Wie ist die  ?

ro ___

Welche Farbe haben 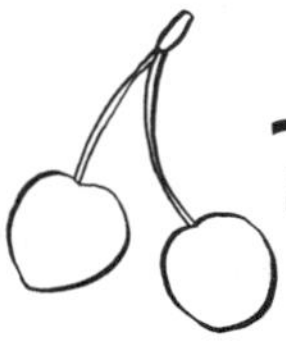 ?

e	t	g	n	n	au	n	t

grün	böse
blau	laut
braun	eng
rot	schön

Kopiervorlage 49: Anlaut-Würfelspiele

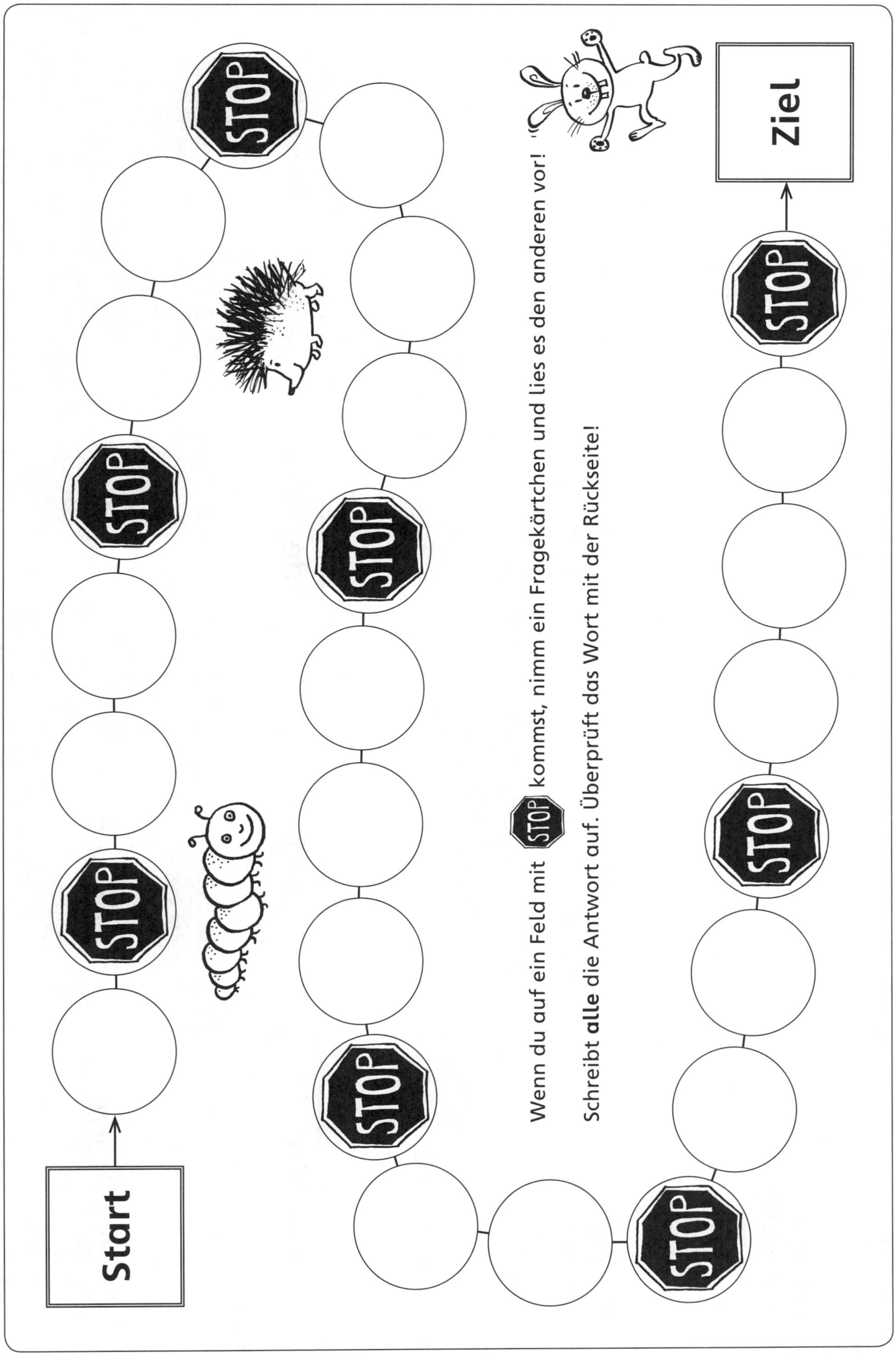

Vorderseite

Welches Tier frisst viele Blätter? die R_ _ _ _ _ 	Welches Tier hat Ohren, die man Löffel nennt? der H_ _ _ 	Welches Tier kann schwimmen und watscheln? die E_ _ _ 	Welches Tier wird von der Katze gejagt? die M_ _ _ 
Welches Tier kann bellen? der H_ _ _ 	Welches Tier hat Stacheln? der I_ _ _ 	Welches Tier kann krabbeln? der K_ _ _ _ _ 	Welches Tier kann galoppieren? das Pf_ _ _ 

Rückseite (Kontrolle)

die Maus	die Ente	der Hase	die Raupe
das Pferd	der Käfer	der Igel	der Hund

Kopiervorlage 51: Anlaut-Würfelspiele

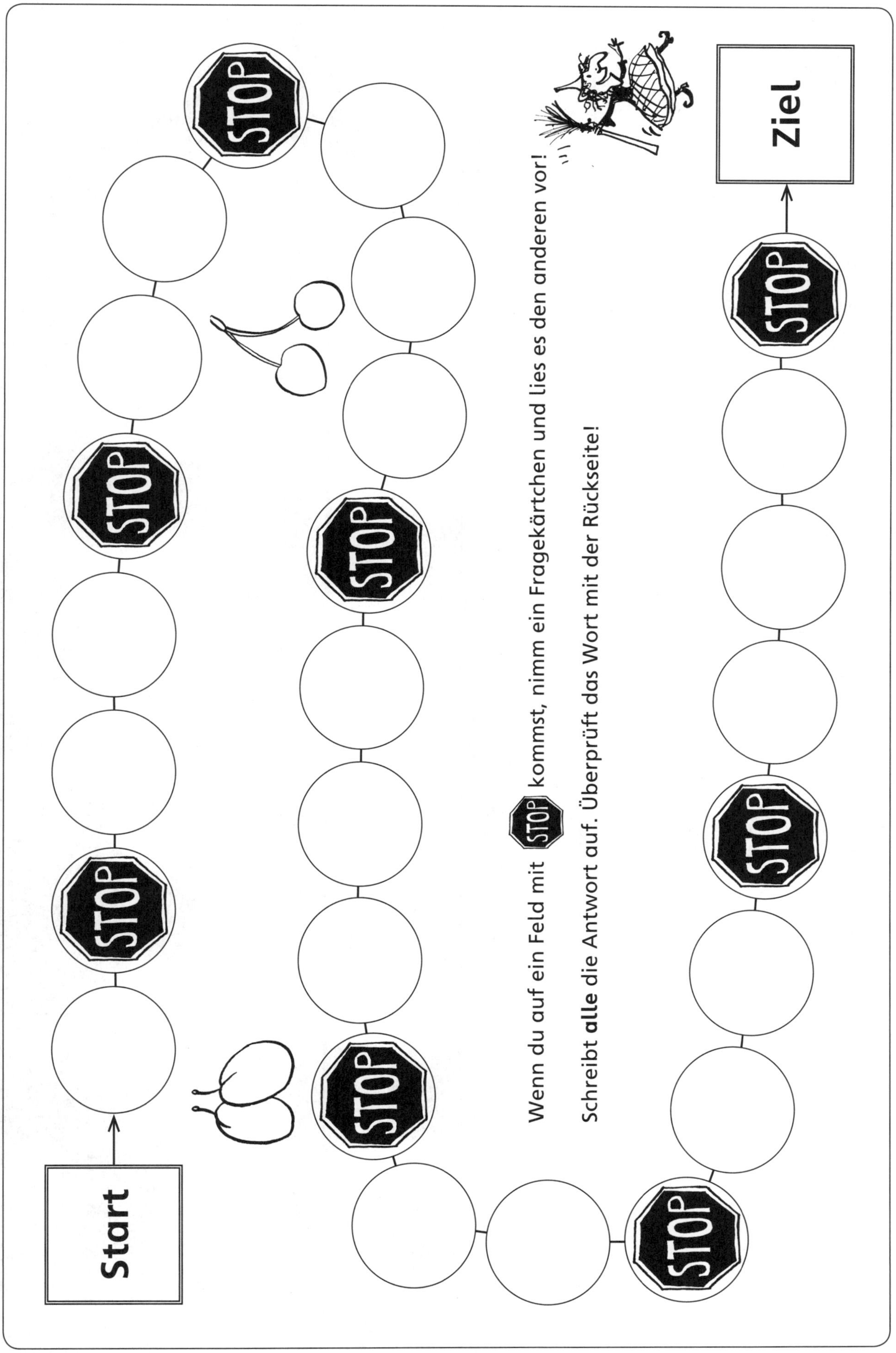

Vorderseite

Welche Farbe haben reife 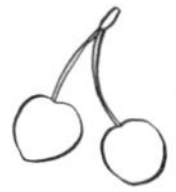 ? _ot	Welche Farbe haben reife  ? _lau	Welche Farbe hat das  ? _rün	Welche Farbe hat  ? _raun
Wie ist die  ? _aut	Wie ist die  ? _öse	Wie ist die  ? ___ön	Wie ist der  ? _alt

Rückseite (Kontrolle)

braun	grün	blau	rot
kalt	schön	böse	laut

Kopiervorlage 53: Satz- und Worthäuser – Vorderseite

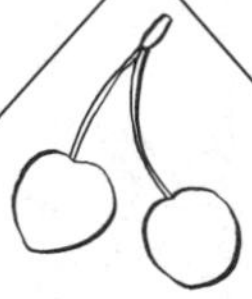

a u o

Die  sind r_t.

a au o

Die  sind bl__.

ä ü ö

Das  ist gr_n.

au o u

Die 

ist br__n.

ü ä ö

Die  ist sch_n.

a o au

Die  ist l__t.

i a e

Die 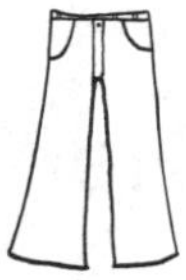 ist _ng.

ä ö ü

Die  ist b_se.

o e a

Die  ist k_lt.

Kopiervorlage 54: Satz- und Worthäuser – Rückseite (Kontrolle)

Das  ist grün.

Die  sind blau.

Die  sind rot.

Die  ist laut.

Die  ist schön.

Die 

ist braun.

Der  ist kalt.

Die  ist böse.

Die  ist eng.

Kopiervorlage 55: Satz- und Worthäuser – Vorderseite

ü ä ö

Der schönste
Teil der Blume ist
die Bl_te.

ä ö ü

Gem_se essen
ist gesund.

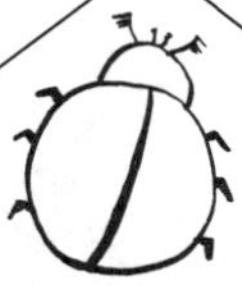

ä ü ö

Der K_fer kann
krabbeln und fliegen.

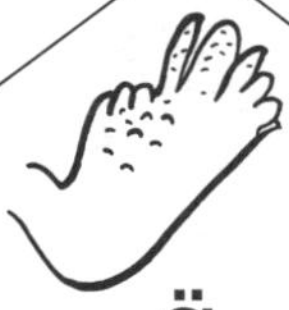

ö ä ü

Wer fliegt
braucht Fl_gel.

ü ö ä

Es ist kein Junge,
sondern ein
M_dchen.

ö ü ä

Menschen, Tiere
und auch Puppen
haben einen
K_rper.

Gemüse essen
ist gesund.

Der schönste
Teil der Blume ist
die Blüte.

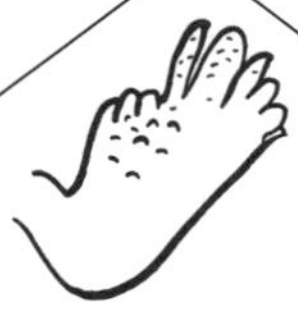

Wer fliegt
braucht Flügel.

Der Käfer kann
krabbeln und fliegen.

Menschen, Tiere
und auch Puppen
haben einen
Körper.

Es ist kein Junge,
sondern ein
Mädchen.

Kopiervorlage 57: Satz- und Worthäuser

Vorderseite

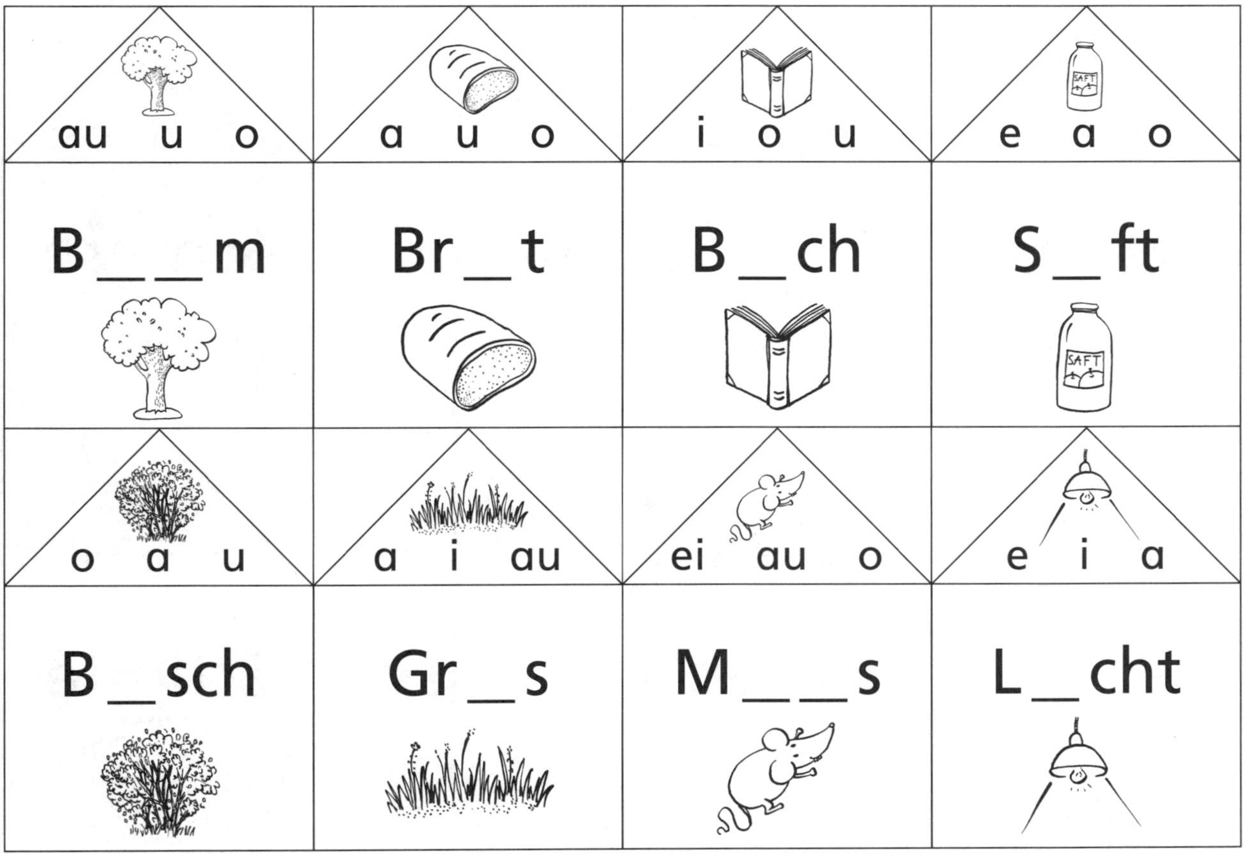

Rückseite (Kontrolle)

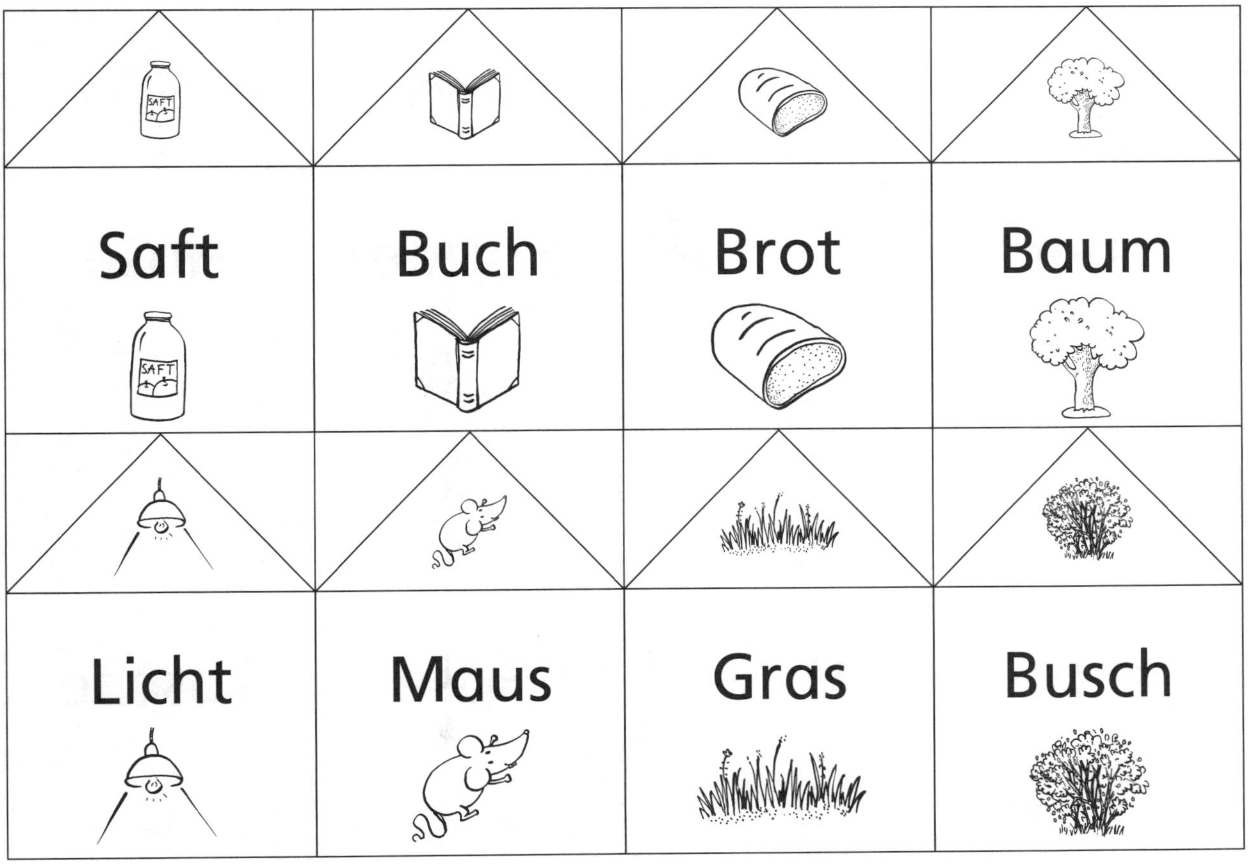

Kopiervorlage 58: Satz- und Worthäuser

Vorderseite

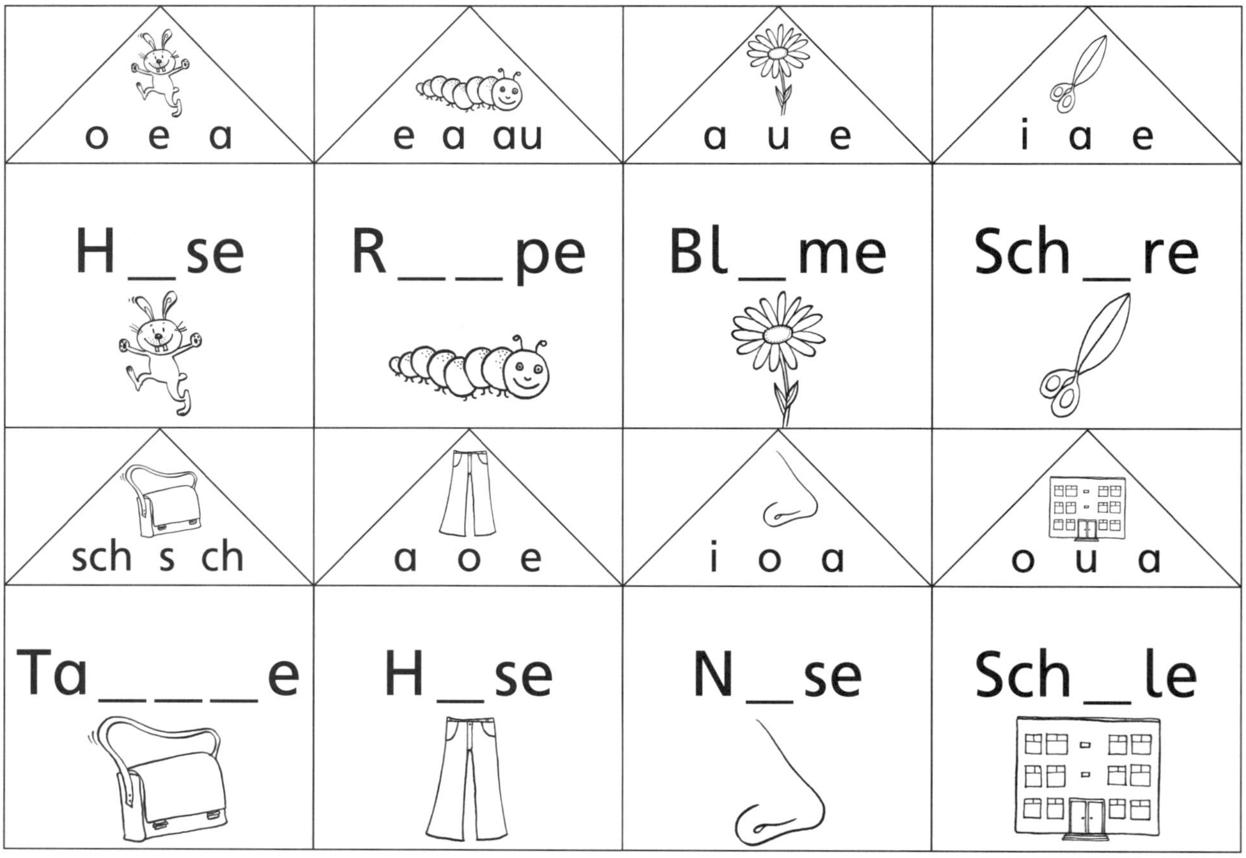

Rückseite (Kontrolle)

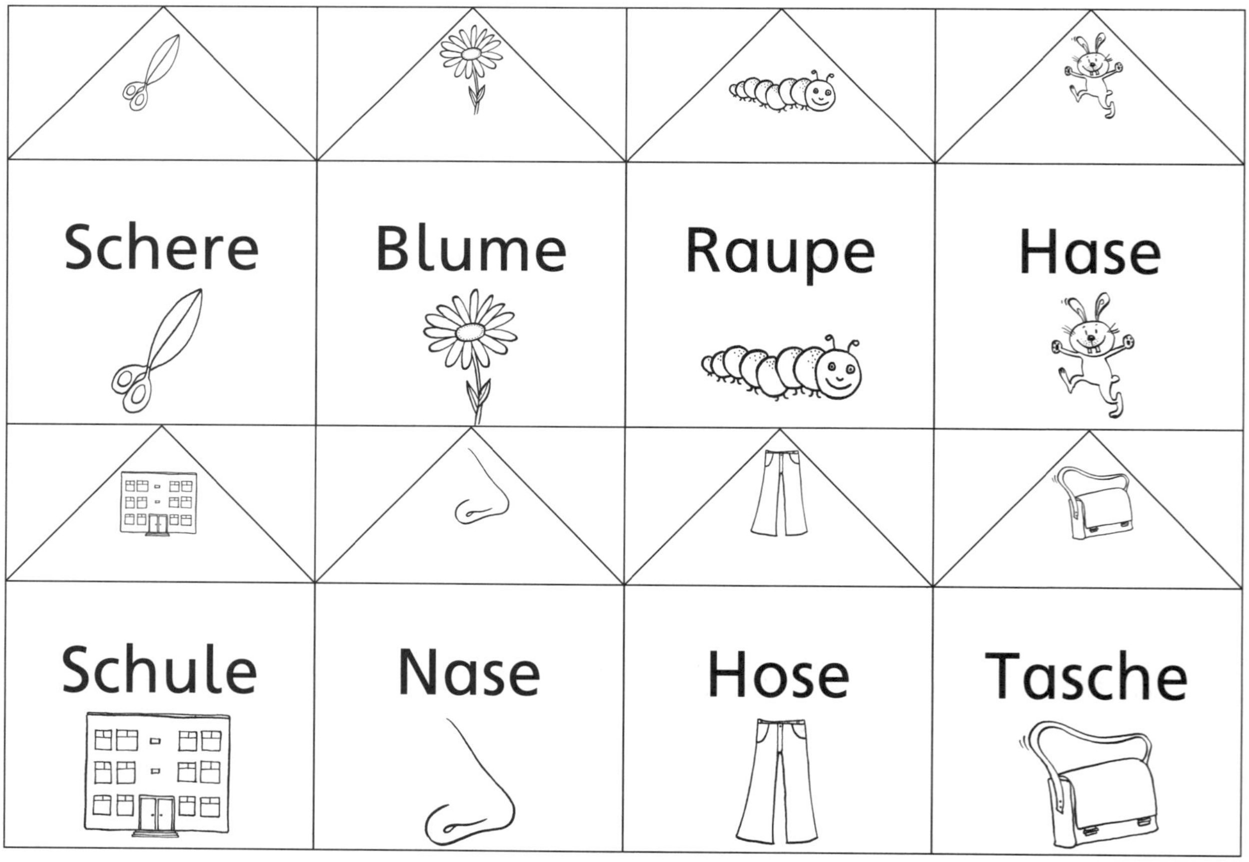

Kopiervorlage 59: Satz- und Worthäuser

Vorderseite

 ä o ö	 ei au a	 o a u	 i a e
h_ren 	sch__en 	r_fen 	r_den 
 o u a	 a e o	 a i e	 a au u
m_chen 	h_lten 	f_nden 	l__fen 

Rückseite (Kontrolle)

reden 	rufen 	schauen 	hören 

laufen 	finden 	halten 	machen 

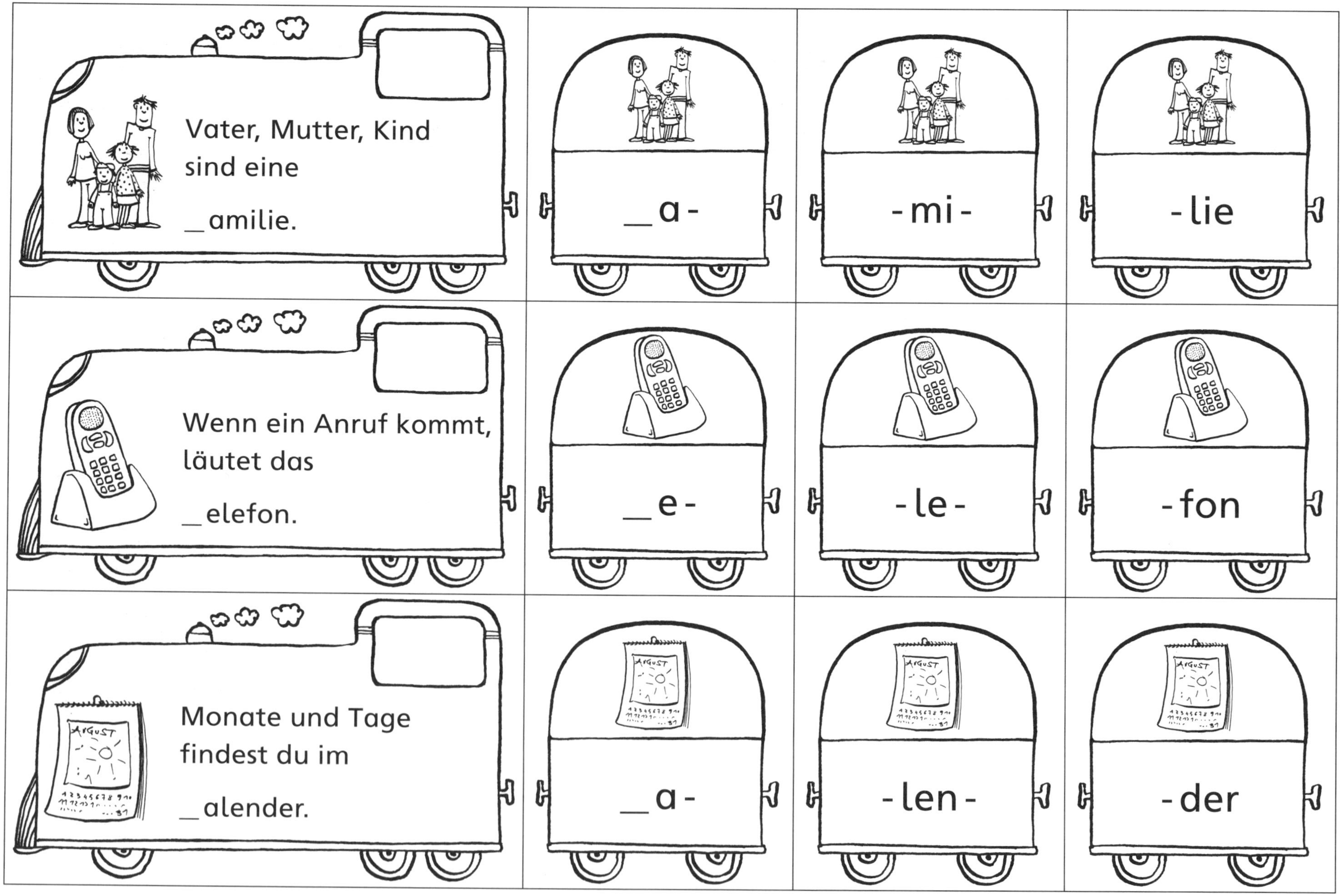
Vater, Mutter, Kind sind eine _amilie.
_a-
-mi-
-lie
Wenn ein Anruf kommt, läutet das _elefon.
_e-
-le-
-fon
Monate und Tage findest du im _alender.
_a-
-len-
-der

Kopiervorlage 61: Silbenzüge – Kontrollstreifen (Kontrollzug)

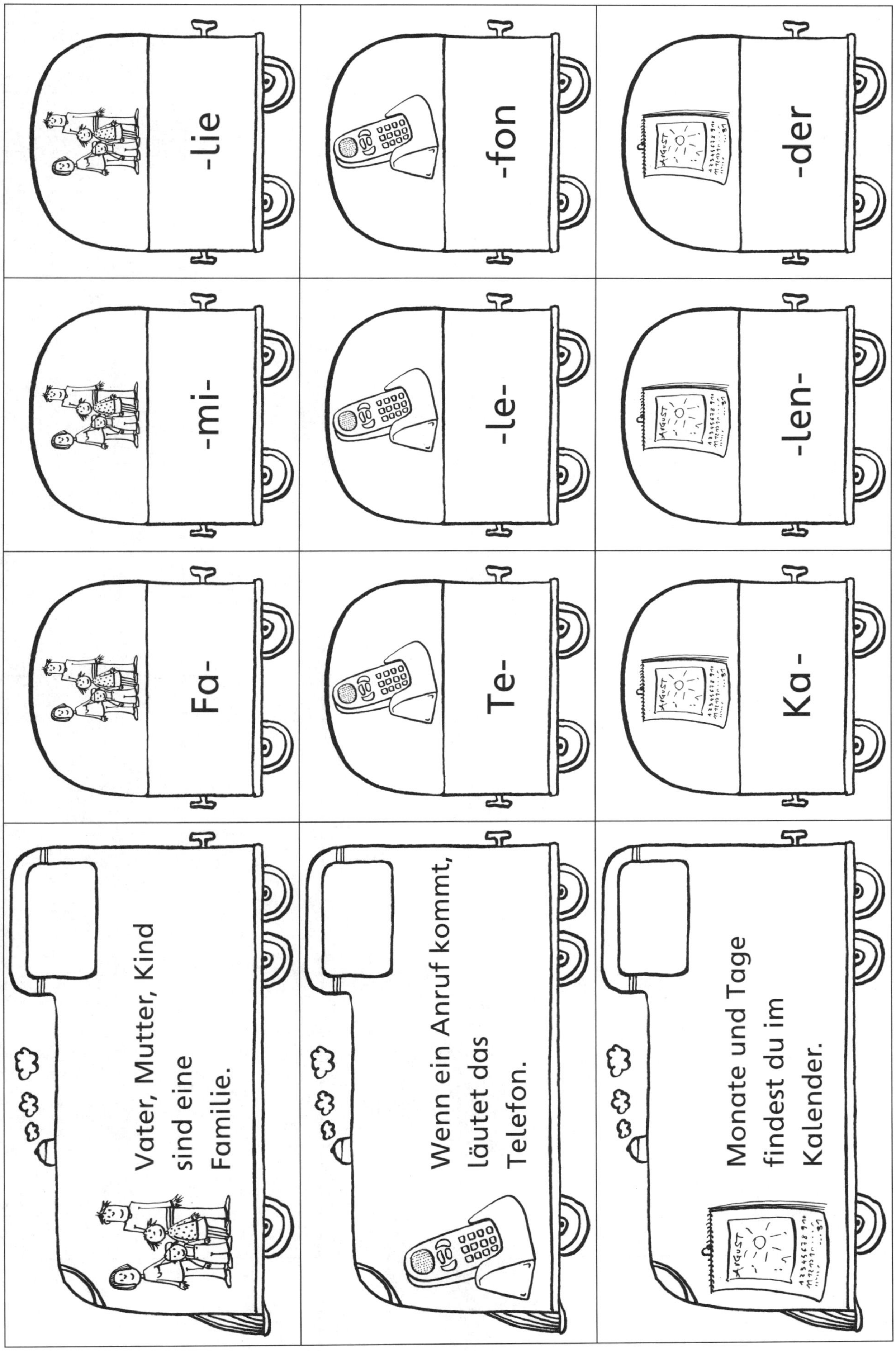

Kopiervorlage 62: Bild-Wort-Scheiben – Bild-Wort-Scheibenhülle

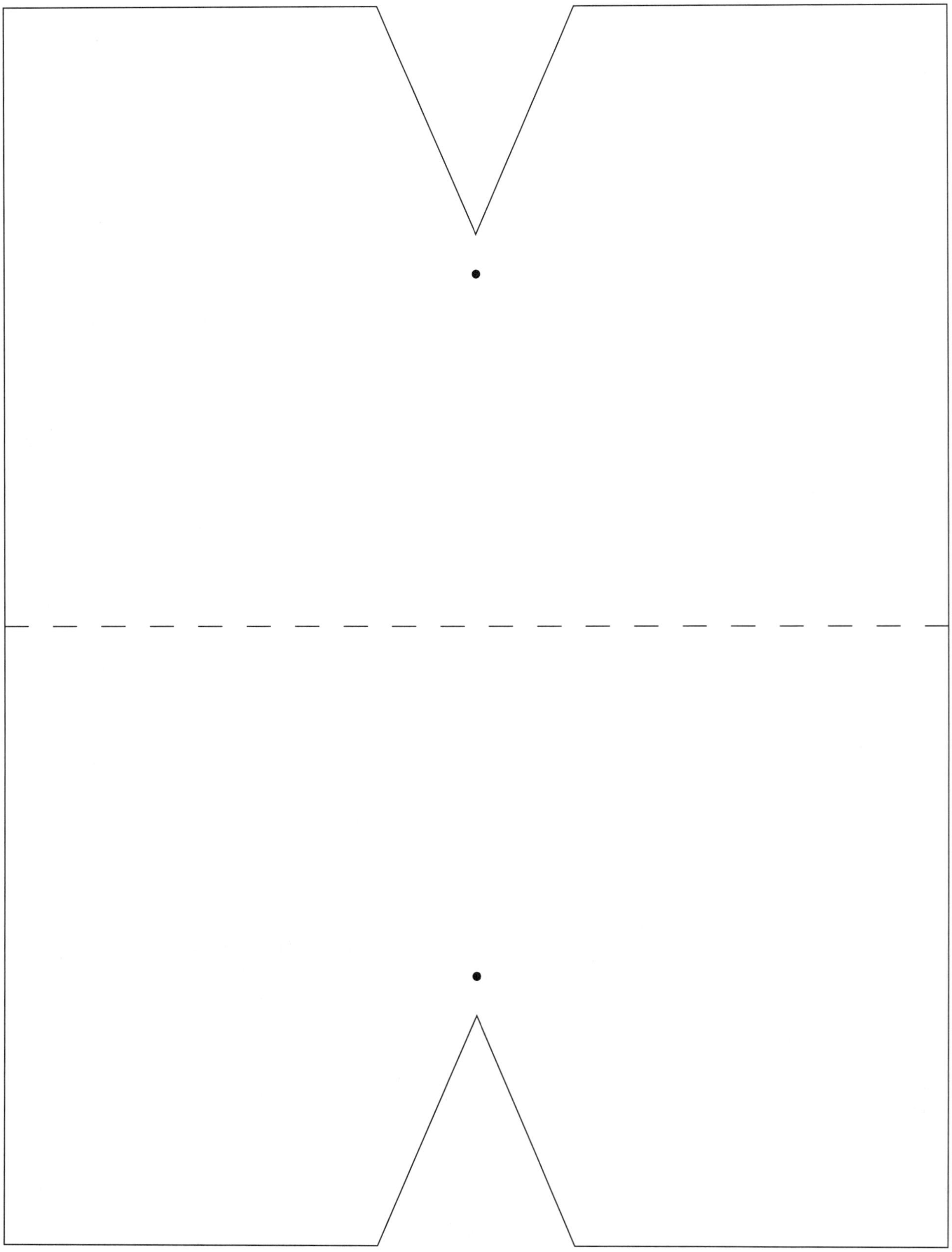

Kopiervorlage 63: Bild-Wort-Scheiben

Vorderseite

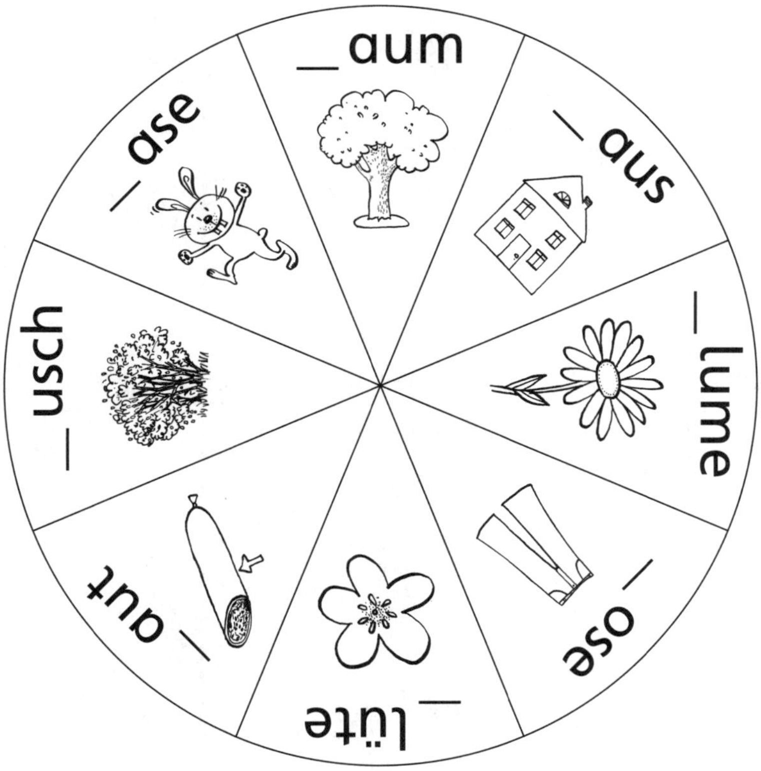

Rückseite
(Kontrolle)

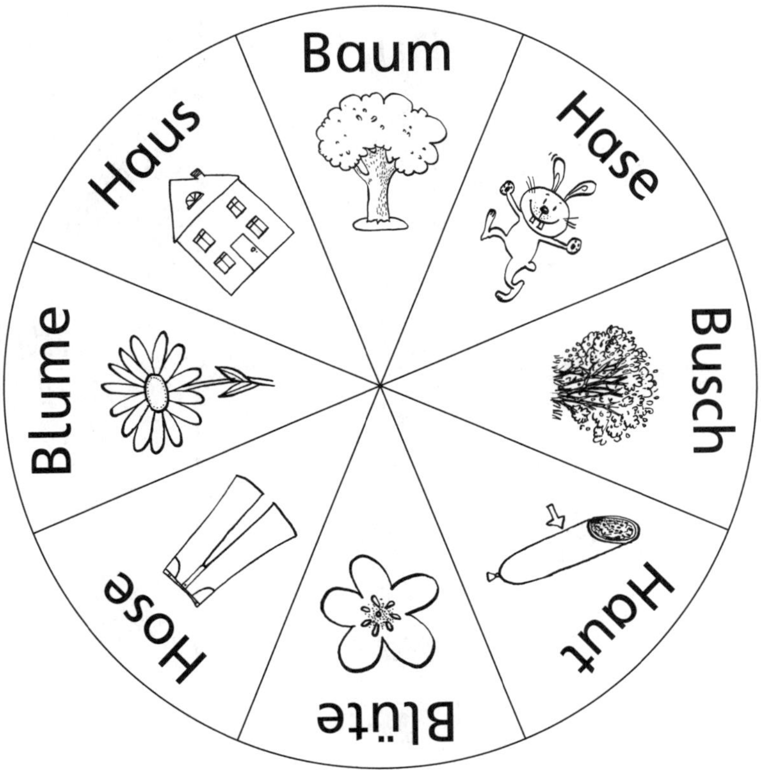

Kopiervorlage 64: Bild-Wort-Scheiben

Vorderseite

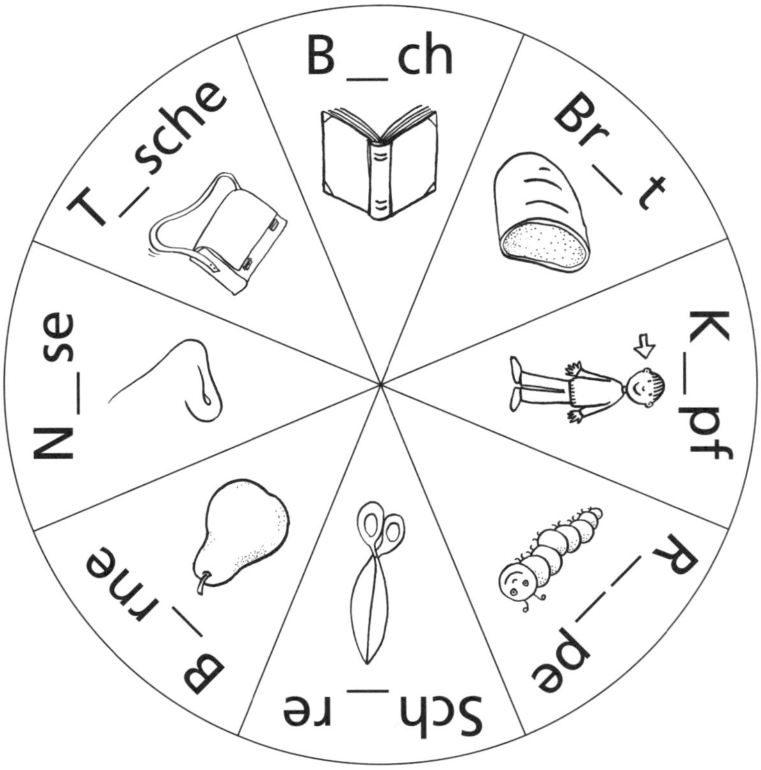

Rückseite
(Kontrolle)

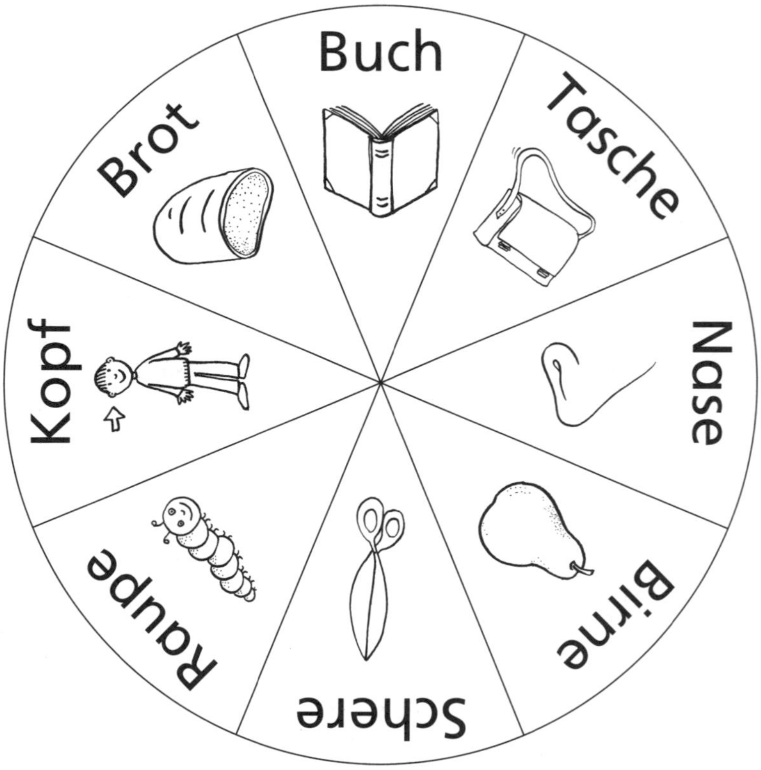

Kopiervorlage 65: Bild-Wort-Scheiben

Vorderseite

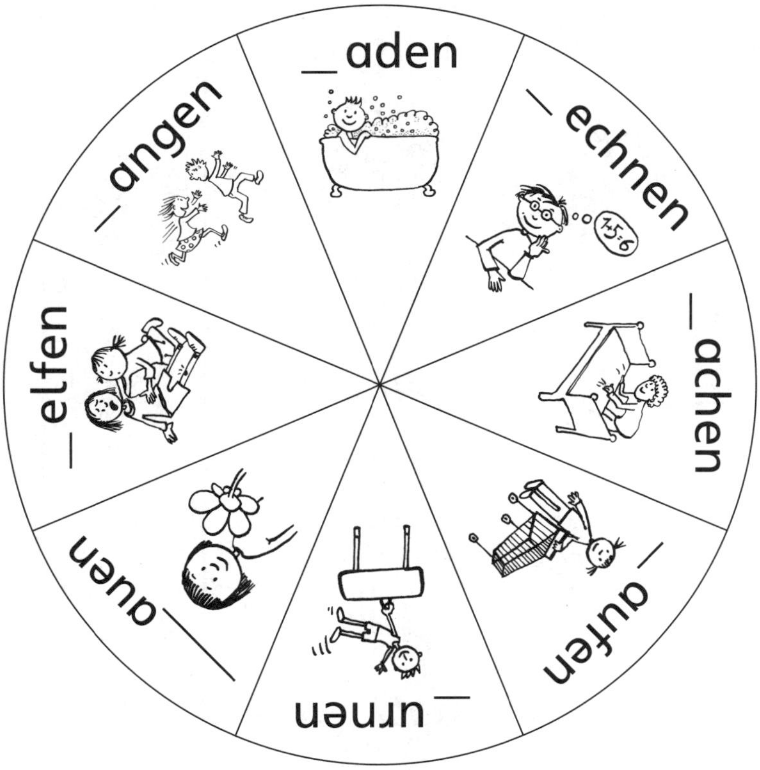

Rückseite
(Kontrolle)

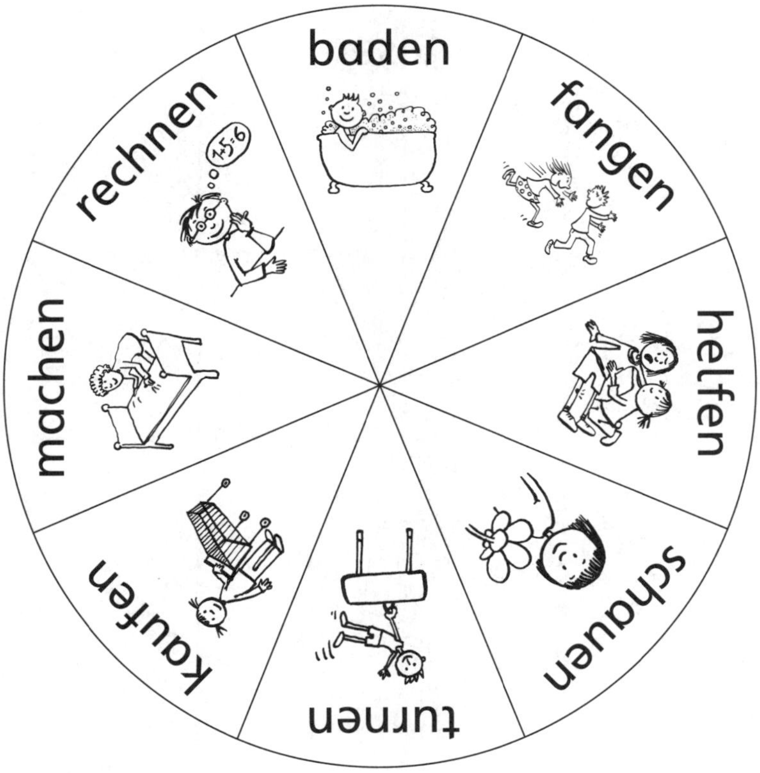

Kopiervorlage 66: Bild-Wort-Scheiben

Vorderseite

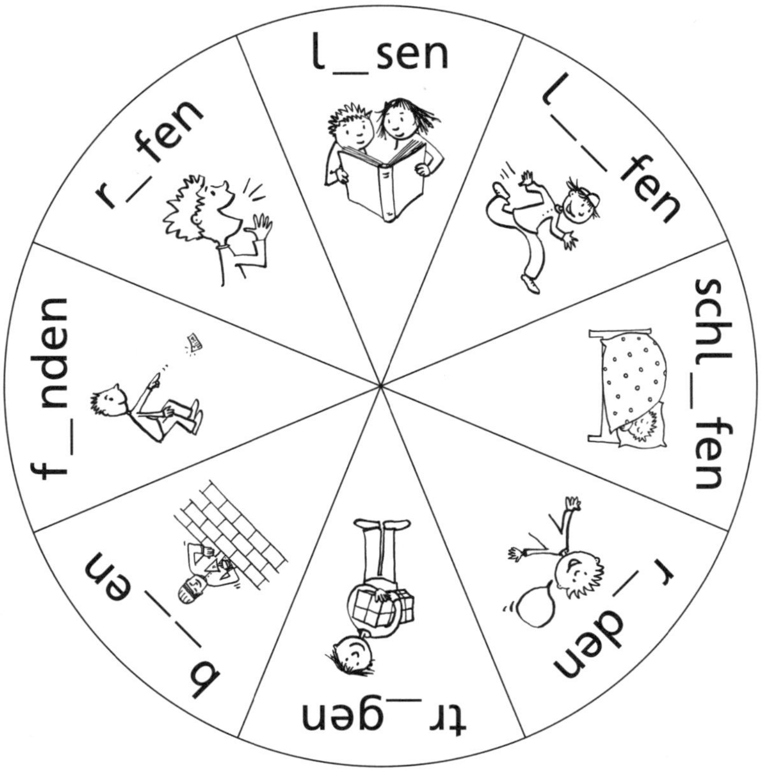

Rückseite
(Kontrolle)

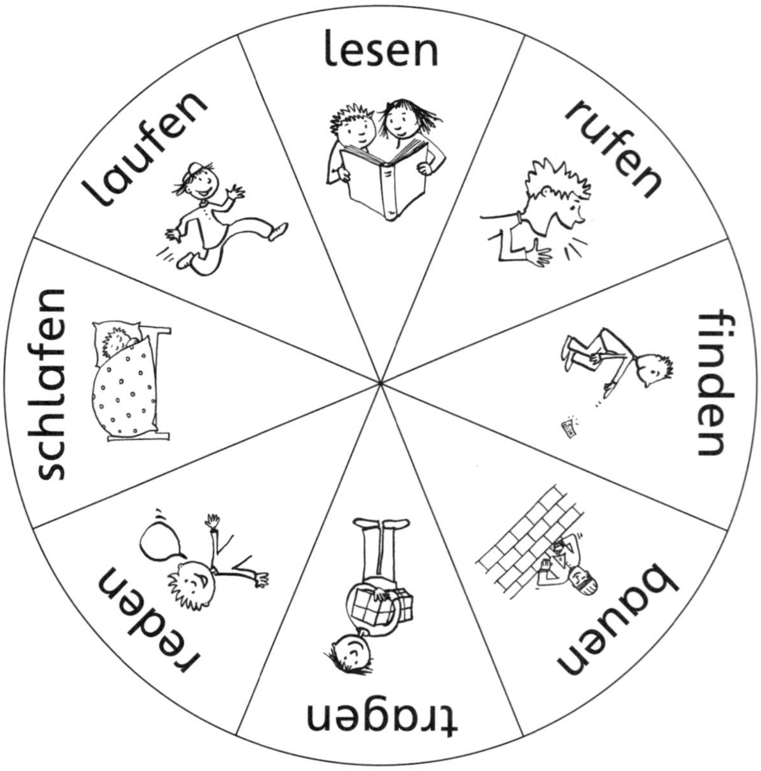

Kopiervorlage 67: Purzelwort-Dominos

Ⓐ F au r		o Au t	
s au H		au m B	
M au s	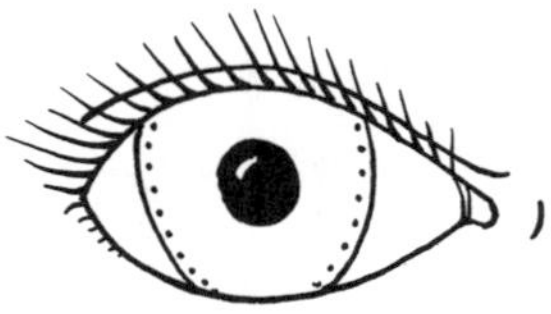	g Au e	
au ch B	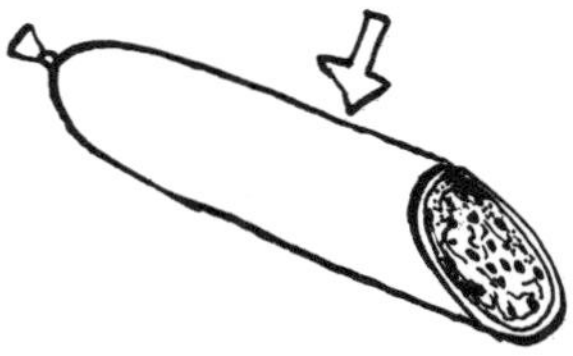	t au H	 Ⓔ

Kontrollstreifen

Ⓐ Frau		Auto	
Haus		Baum	
Maus	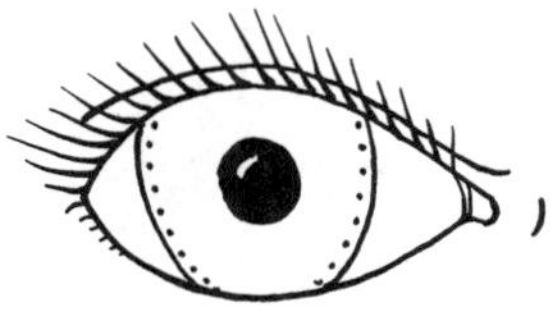	Auge	
Bauch	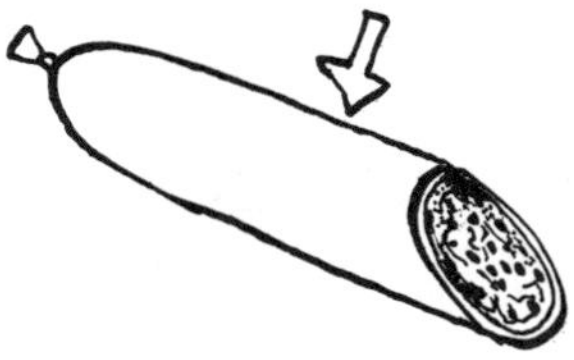	Haut	 Ⓔ

Kopiervorlage 68: Purzelwort-Dominos

Ⓐ L ch i t		a H s e	
n t E e	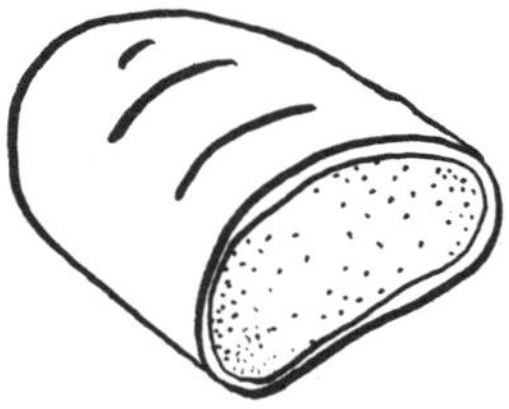	t B o r	
t a S f		s a G r	
l Sch u e		r e Sch e	Ⓔ 

Kontrollstreifen

Ⓐ Licht		Hase	
Ente	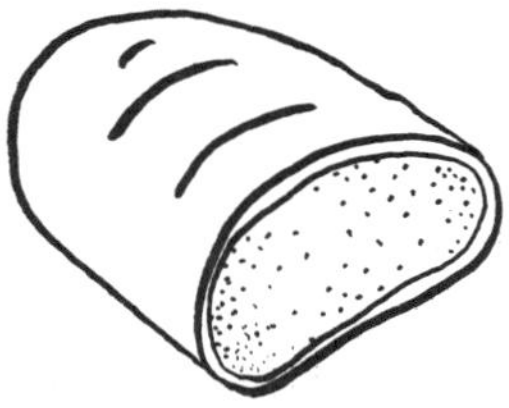	Brot	
Saft		Gras	
Schule		Schere	Ⓔ 

Kopiervorlage 69: Purzelwort-Dominos

Ⓐ r n d e e		b d a n e	
sch f a e l n		l e f n au	
t r g n a e		l n s e e	
m n l a e		f d n i n e	Ⓔ 

Kontrollstreifen

Ⓐ reden		baden	
schlafen		laufen	
tragen		lesen	
malen		finden	Ⓔ 

Kopiervorlage 70: Purzelwort-Dominos

Ⓐ m ch e a n		r n ch n e e	
t n r e n u		r n f e u	
w r t n a e		t i r k e n n	
h n r ö e		h a t e l n	 Ⓔ

Kontrollstreifen

Ⓐ machen		rechnen	
turnen		rufen	
warten		trinken	
hören		halten	 Ⓔ

Kopiervorlage 71: Purzelwort-Dominos

(A) n sch ö	Welche Farben haben reife 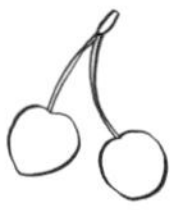 ?	r o t	Welche Farben haben reife  ?
b l au	Welche Farbe hat  ?	r b au n	Welche Farbe hat das  ?
r ü g n	Wie ist die  ?	t au l	Wie ist die  ?
b ö e s	Wie ist der  ?	k a l t	(E) Wie ist die  ?

Kontrollstreifen

(A) schön	Welche Farben haben reife 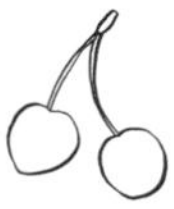 ?	rot	Welche Farben haben reife  ?
blau	Welche Farbe hat  ?	braun	Welche Farbe hat das  ?
grün	Wie ist die  ?	laut	Wie ist die  ?
böse	Wie ist der  ?	kalt	(E) Wie ist die  ?

Kopiervorlage 72: Silbenhäuser – Vorderseite

 -_e

Ha-

 -_e

Na-

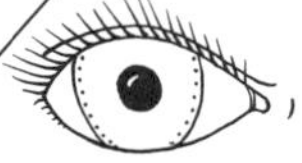 -_e

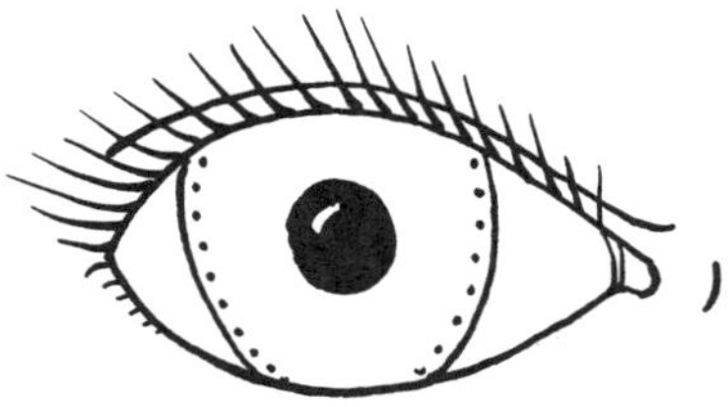

Au-

 -_e

Blu-

 -_e

Bir-

 -_e

En-

 -_e

Sche-

 -_e

Schu-

 -_ _ _e

Ta-

Kopiervorlage 73: Silbenhäuser – Rückseite (Kontrolle)

-ge	-se	-se
Au- **Auge**	Na- **Nase**	Ha- **Hase**
-te	-ne	-me
En- **Ente**	Bir- **Birne**	Blu- **Blume**
-sche	-le	-re
Ta- **Tasche**	Schu- **Schule**	Sche- **Schere**

Kopiervorlage 74: Silbenhäuser

Vorderseite

 -_er	 -_er	 -_er	 -_er
 Kä-	 Fin-	 Kör-	 Fens-
 -_el	 -_el	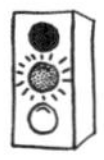 -_el	 -_el
 Ap-	 Flü-	 Am-	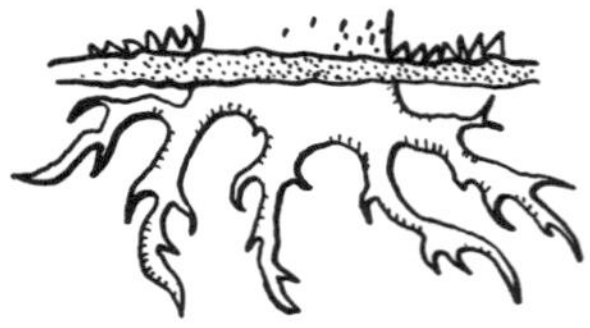 Wur-

Rückseite (Kontrolle)

-fer	-ger	-per	-ter
Kä- **Käfer**	Fin- **Finger**	Kör- **Körper**	Fens- **Fenster**
-fel	-gel	-pel	-zel
Ap- **Apfel**	Flü- **Flügel**	Am- **Ampel**	Wur- **Wurzel**

Kopiervorlage 75: Reimwort-Würfelspiele

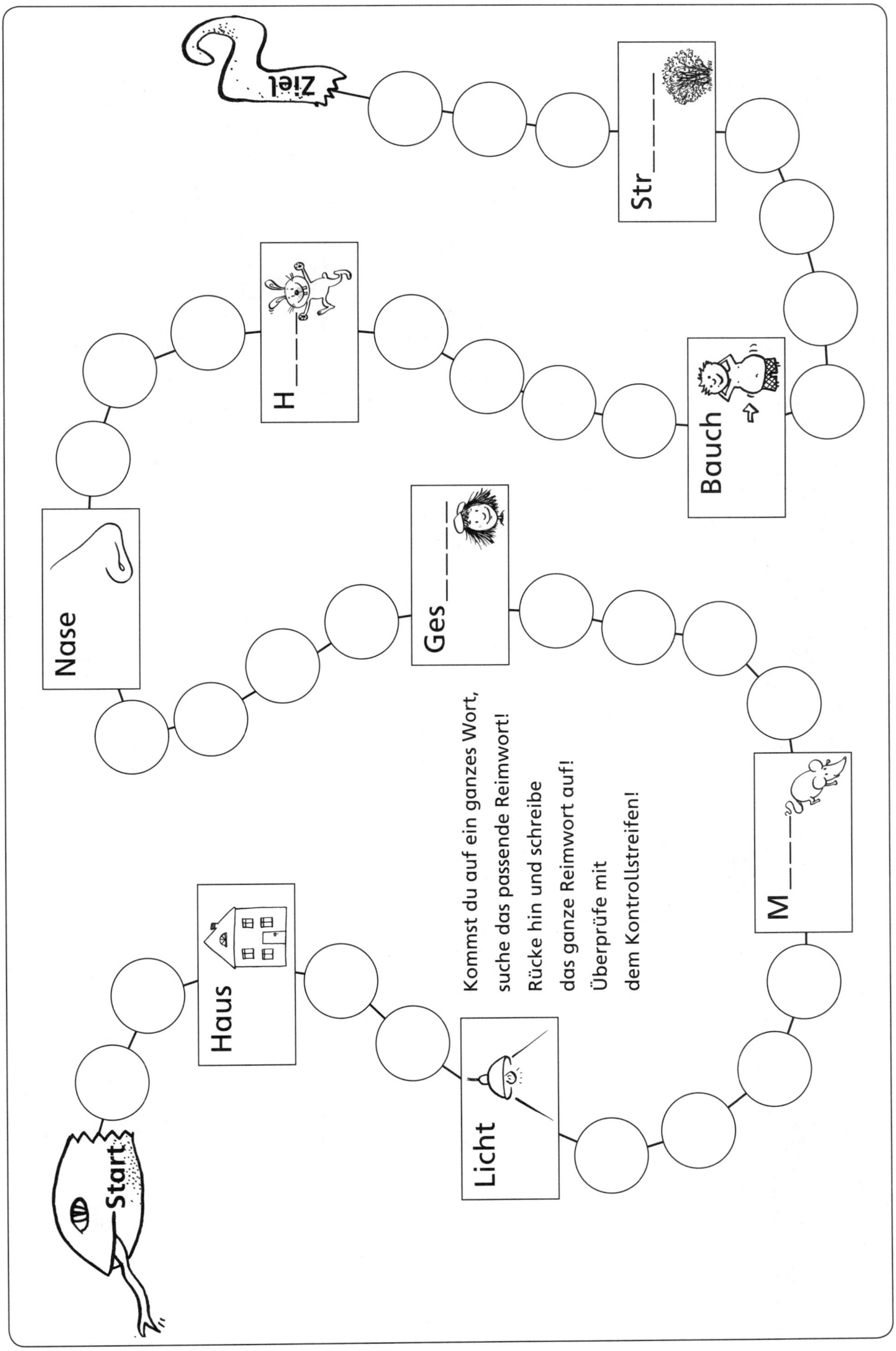

Kopiervorlage 76: Reimwort-Würfelspiele

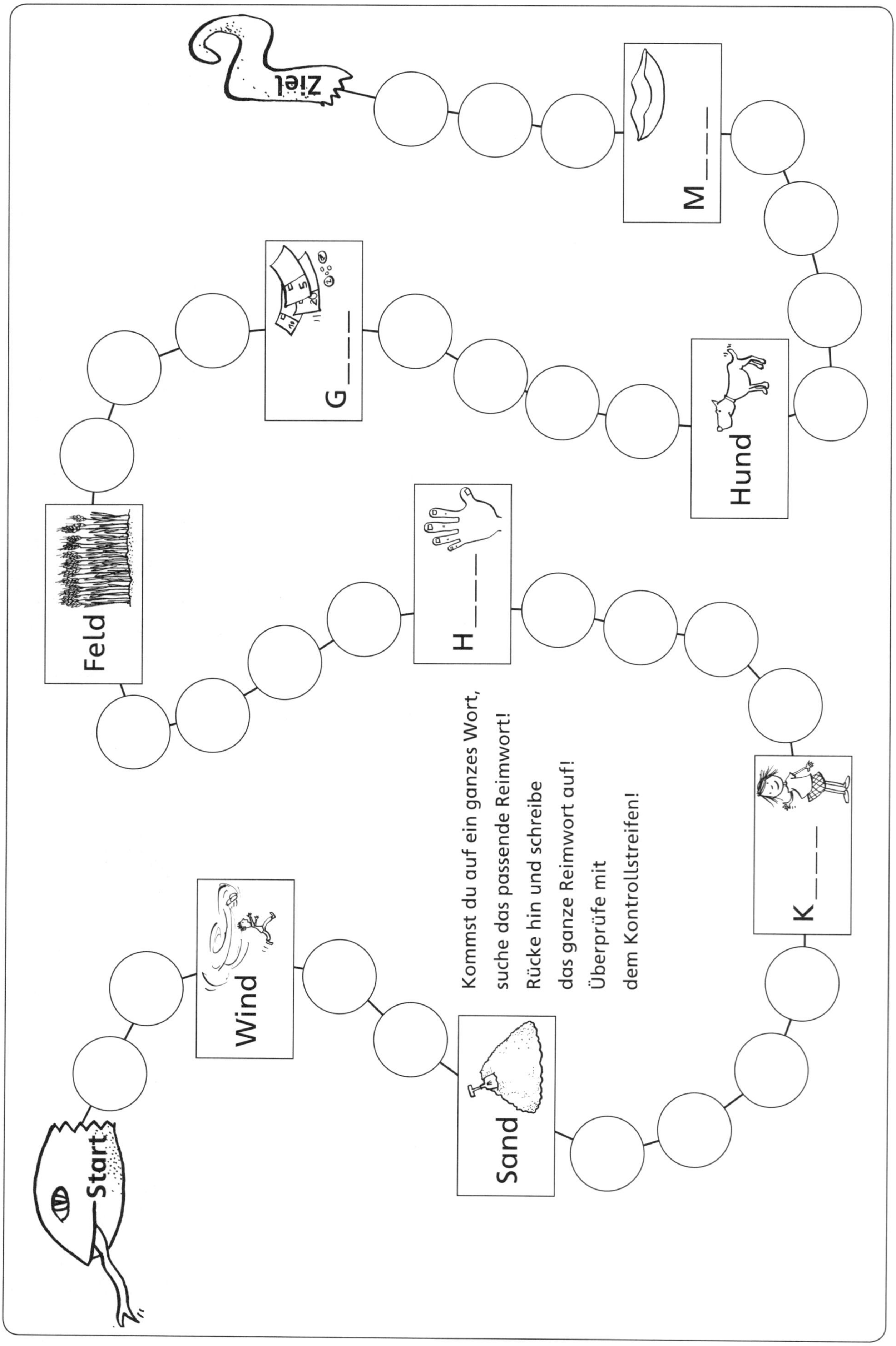

Kopiervorlage 77: Reimwort-Würfelspiele

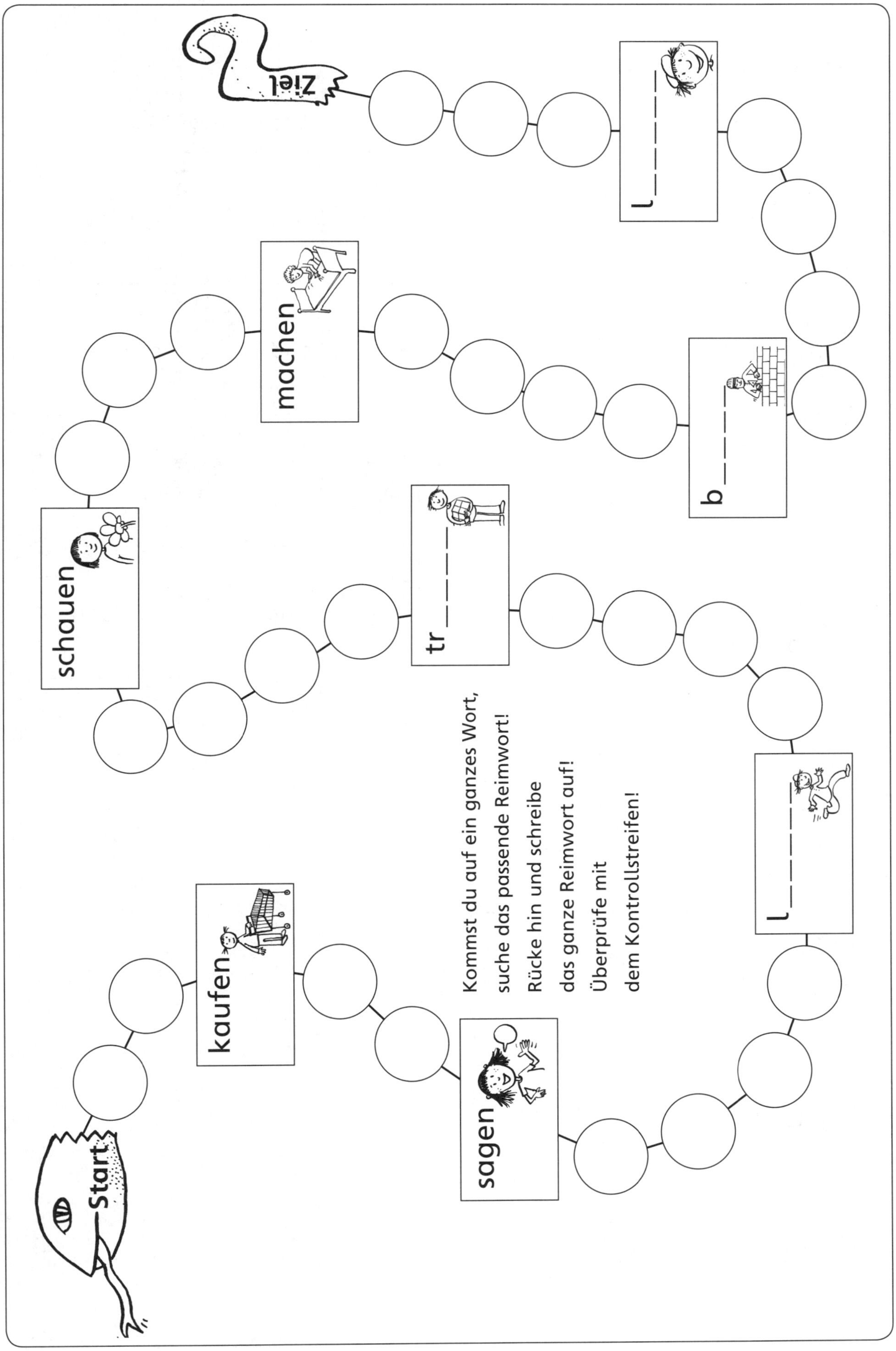

Kontrollstreifen

Kopiervorlage 75

 Haus	 Maus
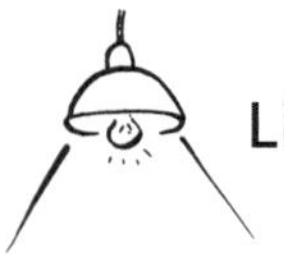 Licht	 Gesicht
 Nase	 Hase
 Bauch	 Strauch

Kopiervorlage 76

 Wind	 Kind
 Sand	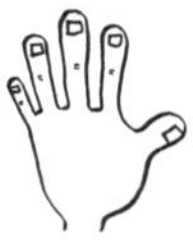 Hand
 Feld	 Geld
 Hund	 Mund

Kopiervorlage 77

 kaufen	 laufen
 sagen	 tragen
 schauen	 bauen
 machen	 lachen

Kopiervorlage 79: Einzahl-Mehrzahl-Paare

①  die Hose	①  die ______	②  die Schere	② 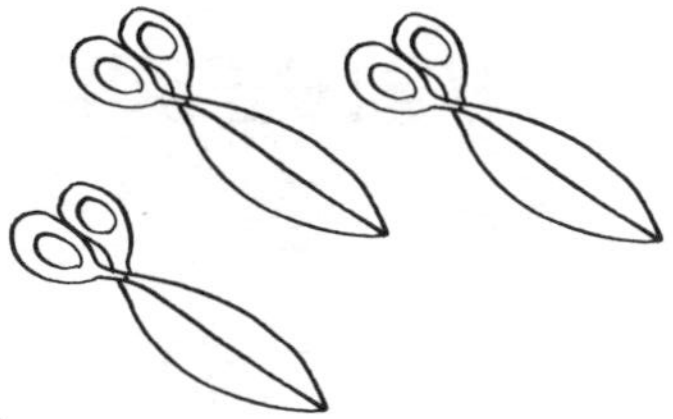 die ________
③  die Nase	③  die ______	④ 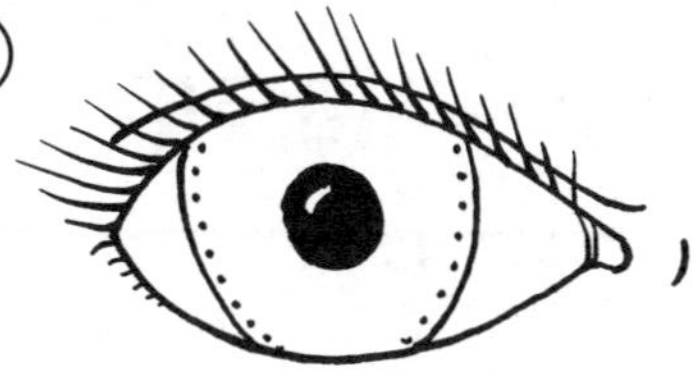 das Auge	④ 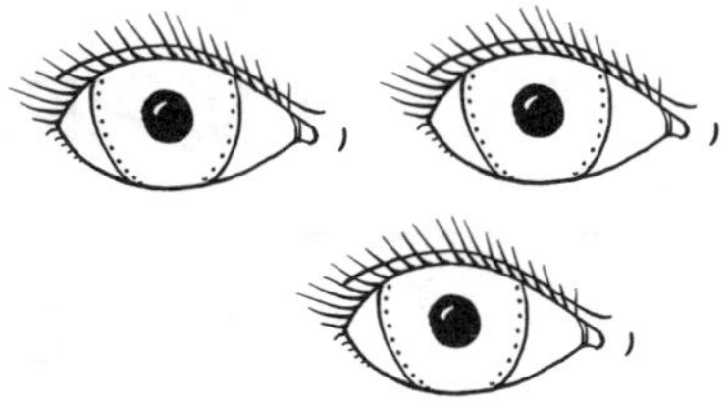 die ______
⑤  die Raupe	⑤  die _______	⑥  die Blume	⑥  die _______
⑦  der Hase	⑦  die ______	⑧  die Ente	⑧  die ______

Kopiervorlage 80: Einzahl-Mehrzahl-Paare – Kontrollblatt

①  die Hose	①  die Hosen	②  die Schere	②  die Scheren
③  die Nase	③  die Nasen	④ 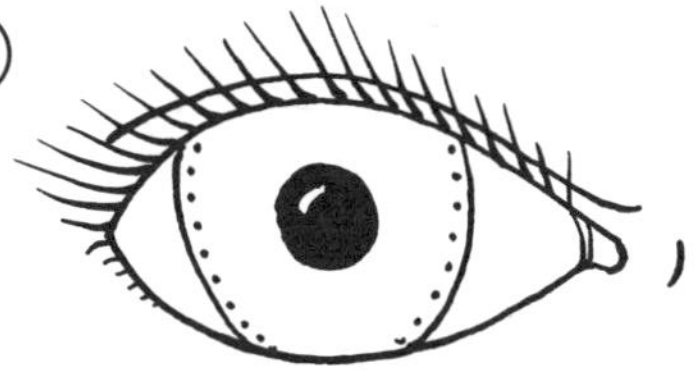 das Auge	④ 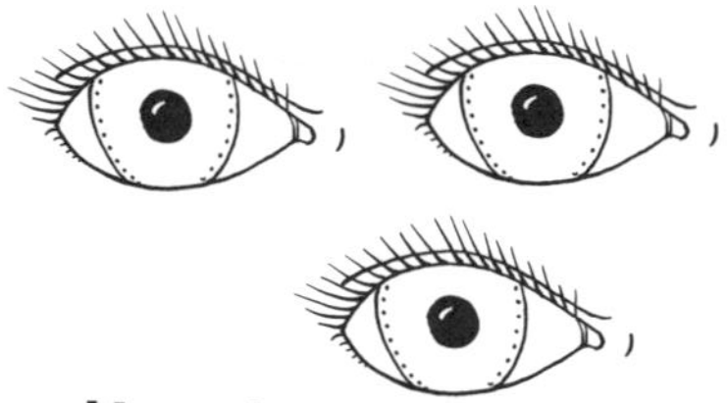 die Augen
⑤  die Raupe	⑤  die Raupen	⑥  die Blume	⑥  die Blumen
⑦  der Hase	⑦  die Hasen	⑧  die Ente	⑧  die Enten

Kopiervorlage 81: Groß- und Kleinschreibung-Würfelspiel

Kopiervorlage 82a: Groß- und Kleinschreibung-Würfelspiel – Fragekärtchen

Vorderseite

Wie schreibt man _esen ?  Schreibe das ganze Wort auf!	Wie schreibt man _uch ?  Schreibe das ganze Wort auf!	Wie schreibt man ____ere ?  Schreibe das ganze Wort auf!	Wie schreibt man _alen ?  Schreibe das ganze Wort auf!
Wie schreibt man _aus ?  Schreibe das ganze Wort auf!	Wie schreibt man _auen ?  Schreibe das ganze Wort auf!	Wie schreibt man __ge ? 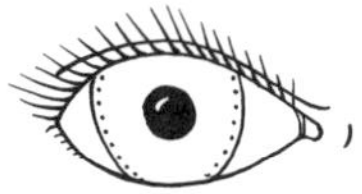 Schreibe das ganze Wort auf!	Wie schreibt man ____lafen ?  Schreibe das ganze Wort auf!

Rückseite (Kontrolle)

malen 	Schere 	Buch 	lesen 
schlafen 	Auge 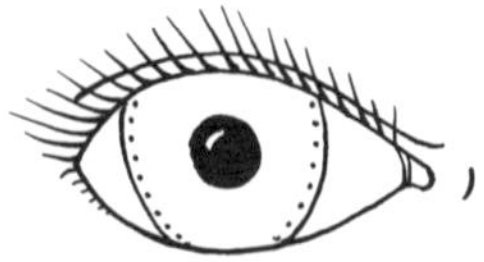	bauen 	Haus 

Vorderseite

Wie schreibt man _ _ to ?  Schreibe das ganze Wort auf!	Wie schreibt man _ eden ?  Schreibe das ganze Wort auf!	Wie schreibt man _ urnen ?  Schreibe das ganze Wort auf!	Wie schreibt man _ _ _ _ ule ?  Schreibe das ganze Wort auf!
Wie schreibt man _ ufen ?  Schreibe das ganze Wort auf!	Wie schreibt man _ aden ?  Schreibe das ganze Wort auf!	Wie schreibt man _ nte ?  Schreibe das ganze Wort auf!	Wie schreibt man _ aupe ?  Schreibe das ganze Wort auf!

Rückseite (Kontrolle)

Schule 	turnen 	reden 	Auto 
Raupe 	Ente 	baden 	rufen 

Vorderseite

Wie schreibt man _ rot?  Schreibe das ganze Wort auf!	Wie schreibt man _ aus?  Schreibe das ganze Wort auf!	Wie schreibt man _ aufen?  Schreibe das ganze Wort auf!	Wie schreibt man _ ören?  Schreibe das ganze Wort auf!
Wie schreibt man _ inden?  Schreibe das ganze Wort auf!	Wie schreibt man _ lume?  Schreibe das ganze Wort auf!	Wie schreibt man _ ase?  Schreibe das ganze Wort auf!	Wie schreibt man _ rechnen?  Schreibe das ganze Wort auf!

Rückseite (Kontrolle)

hören 	laufen 	Maus 	Brot 
rechnen 	Hase 	Blume 	finden 

Kopiervorlage 83: Silbenzüge

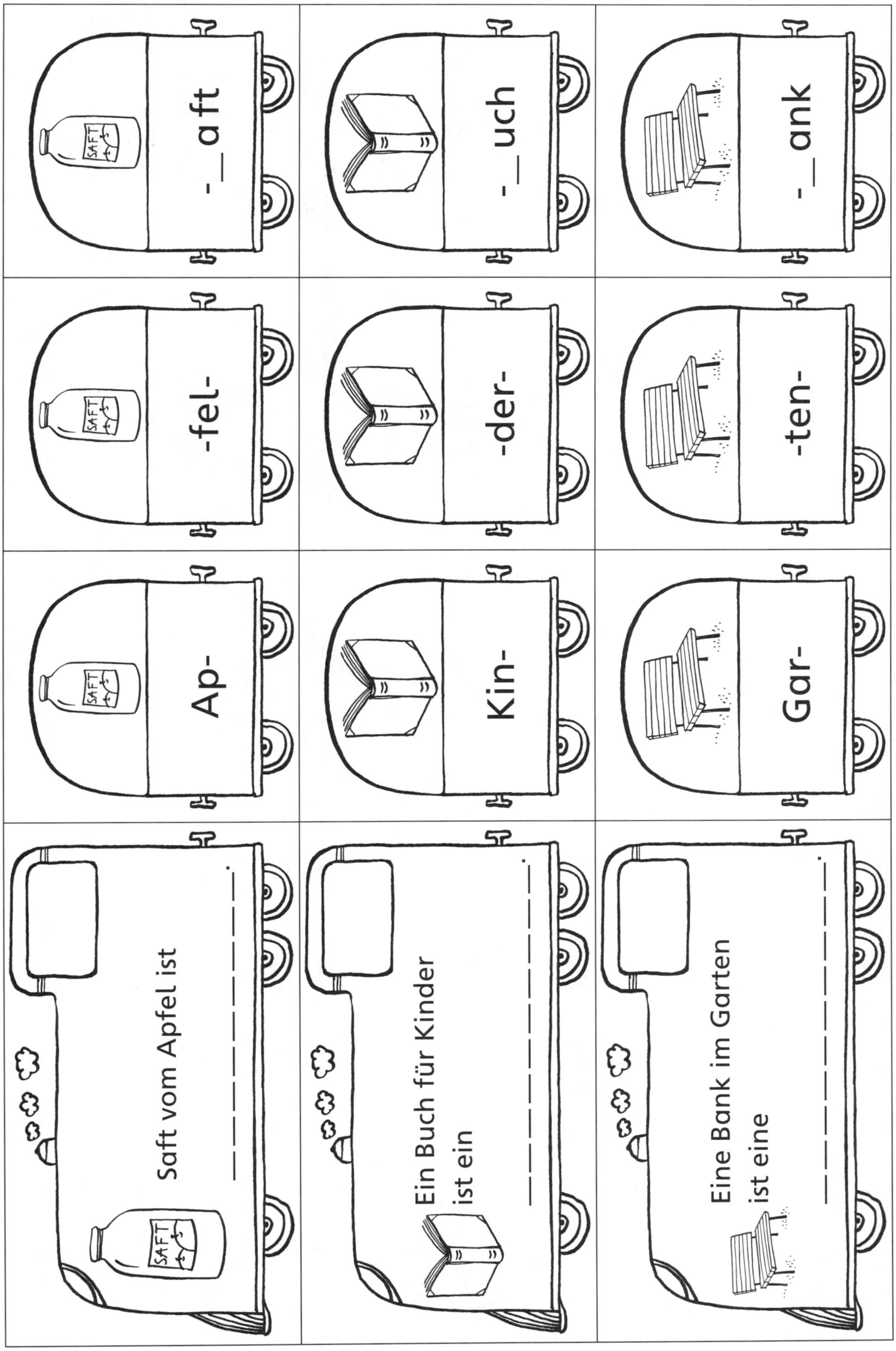

Kopiervorlage 84: Silbenzüge – Kontrollstreifen (Kontrollzüge)

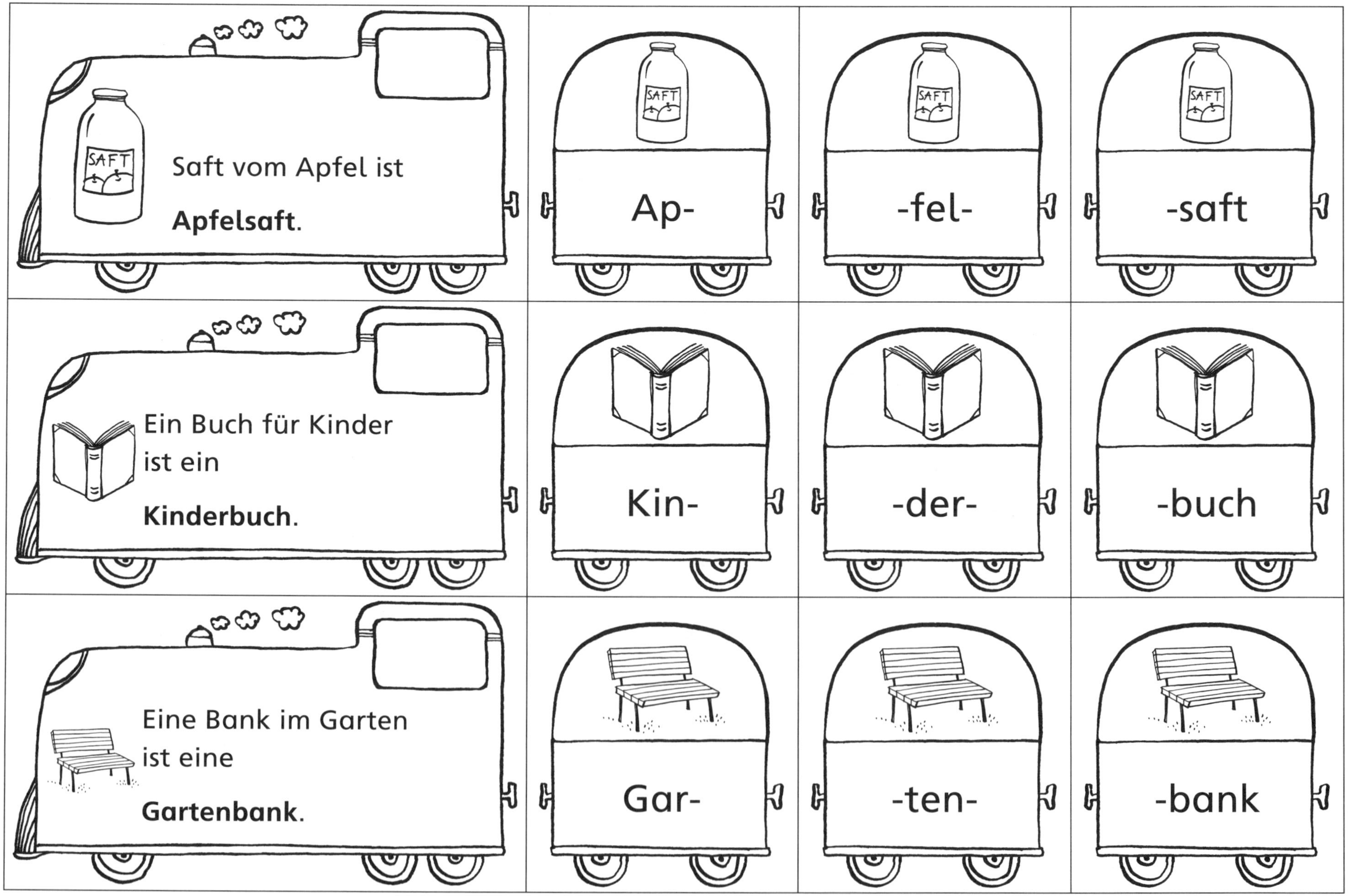

Eine Tasche,
die man in der Hand trägt,
ist eine
______________.
Hand-
-_ a-
-sche
Eine Blume,
die im Herbst blüht,
ist eine
______________.
Herbst-
-_ lu-
-me
Die Wurzel vom Baum ist eine
______________.
Baum-
-_ ur-
-zel

Kopiervorlage 86: Silbenzüge – Kontrollstreifen (Kontrollzüge)

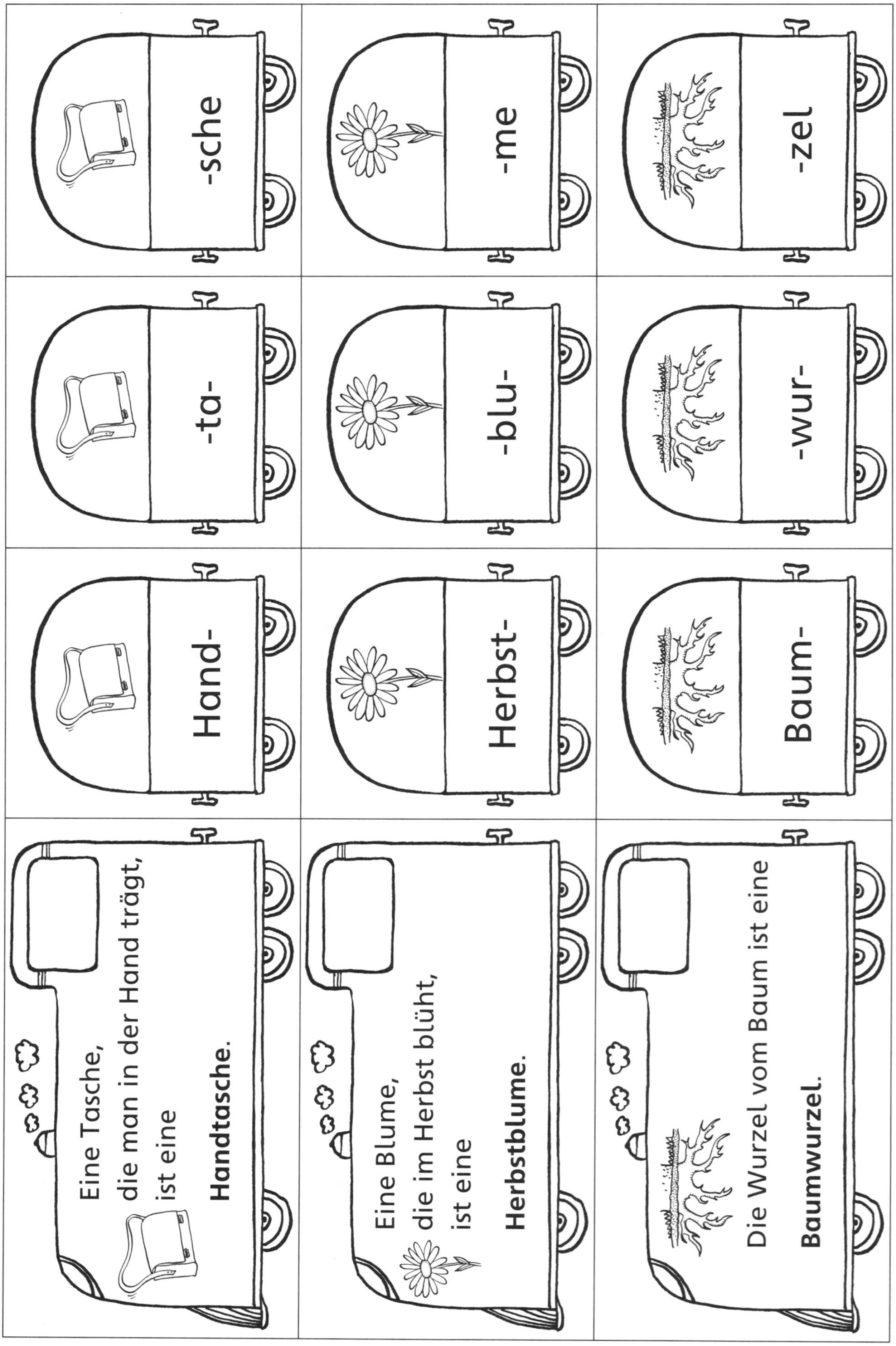

Kopiervorlage 87: Verb-Scheiben – Aufgabenscheibe

untere Scheibe

baden
laufen
fangen
schlafen
tragen
halten

obere Scheibe

Kopiervorlage 88: Verb-Scheiben – Kontrollscheibe

untere Scheibe

schlafen
tragen
halten
fangen
laufen
baden
bade
laufe
fange
schlafe
trage
halte

obere Scheibe

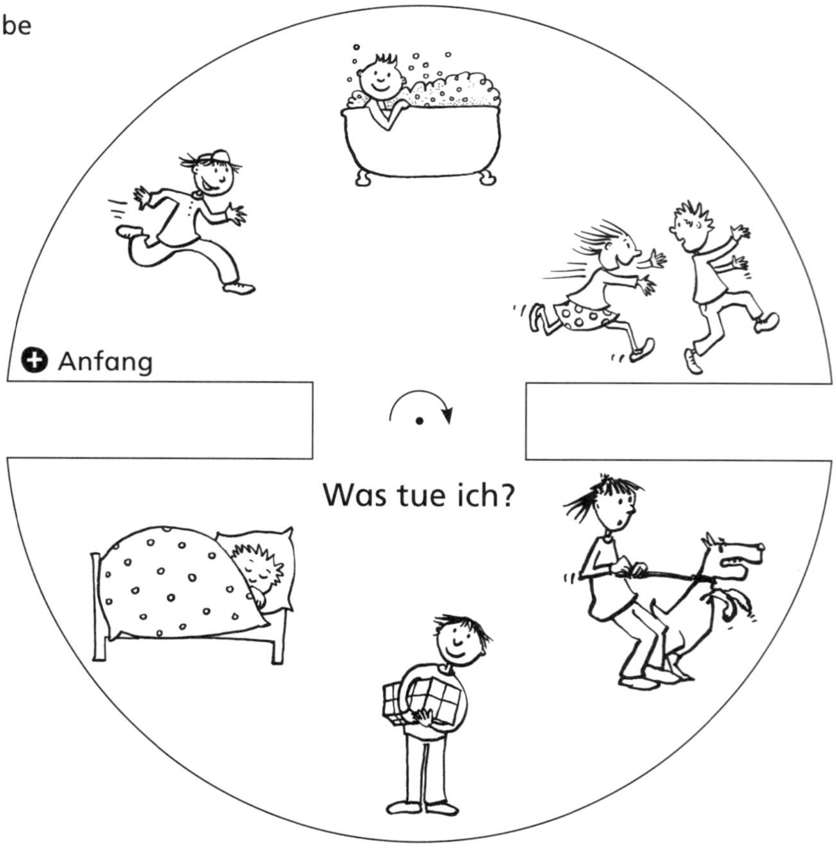

Kopiervorlage 89: Verb-Scheiben – Aufgabenscheibe

untere Scheibe

turnen

rechnen

singen

üben

malen

lesen

obere Scheibe

Kopiervorlage 90: Verb-Scheiben – Kontrollscheibe

untere Scheibe

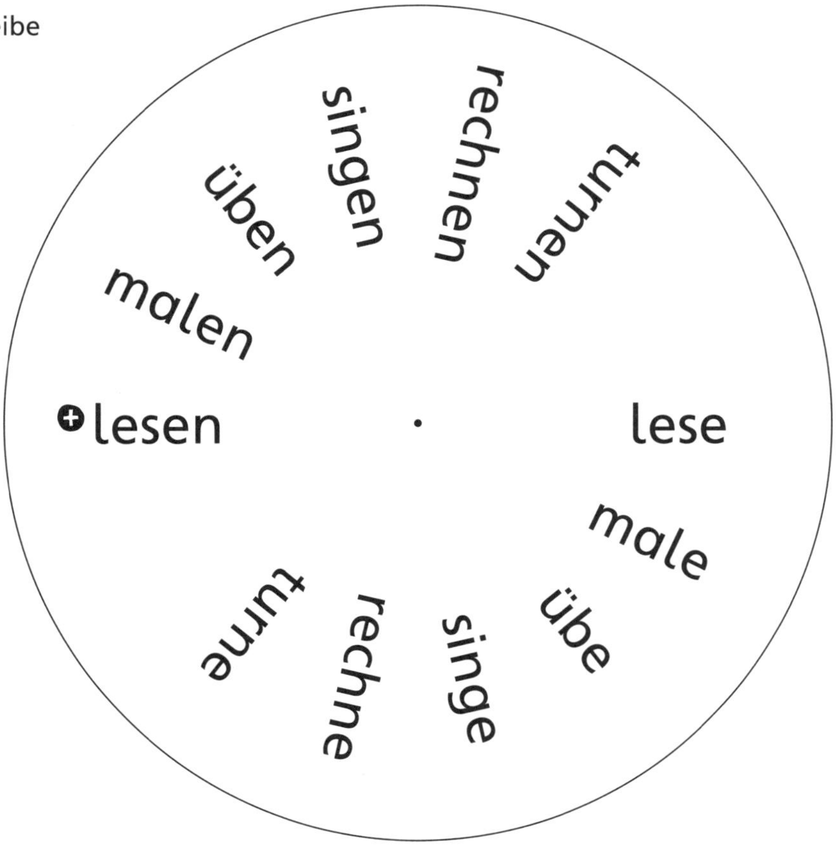

obere Scheibe

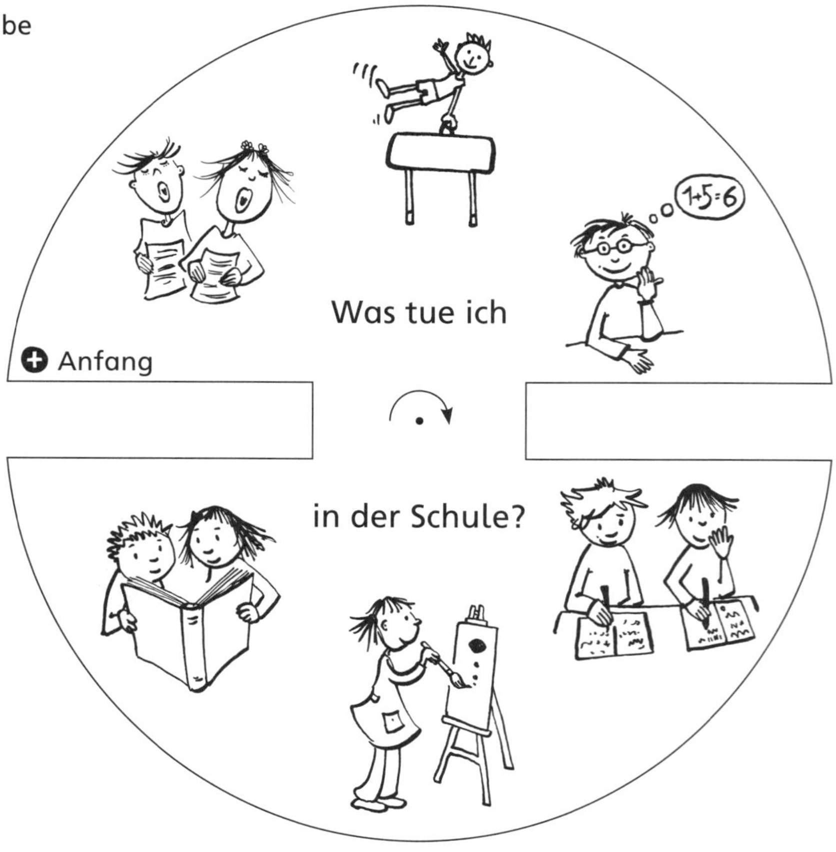

untere Scheibe

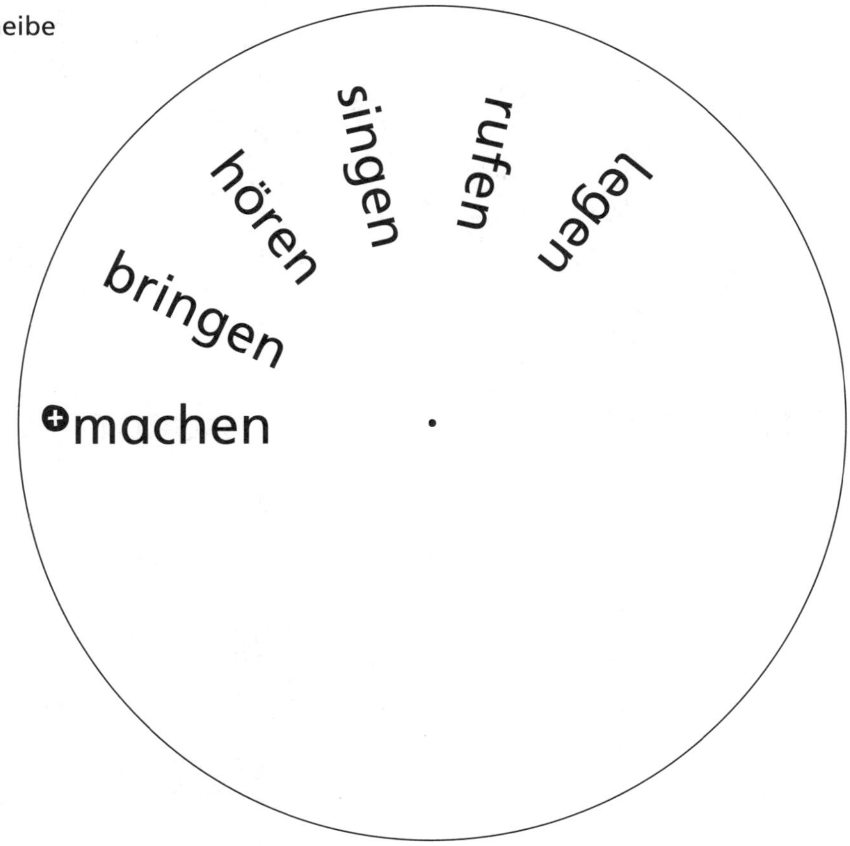

obere Scheibe

Kopiervorlage 92: Verb-Scheiben – Kontrollscheibe

untere Scheibe

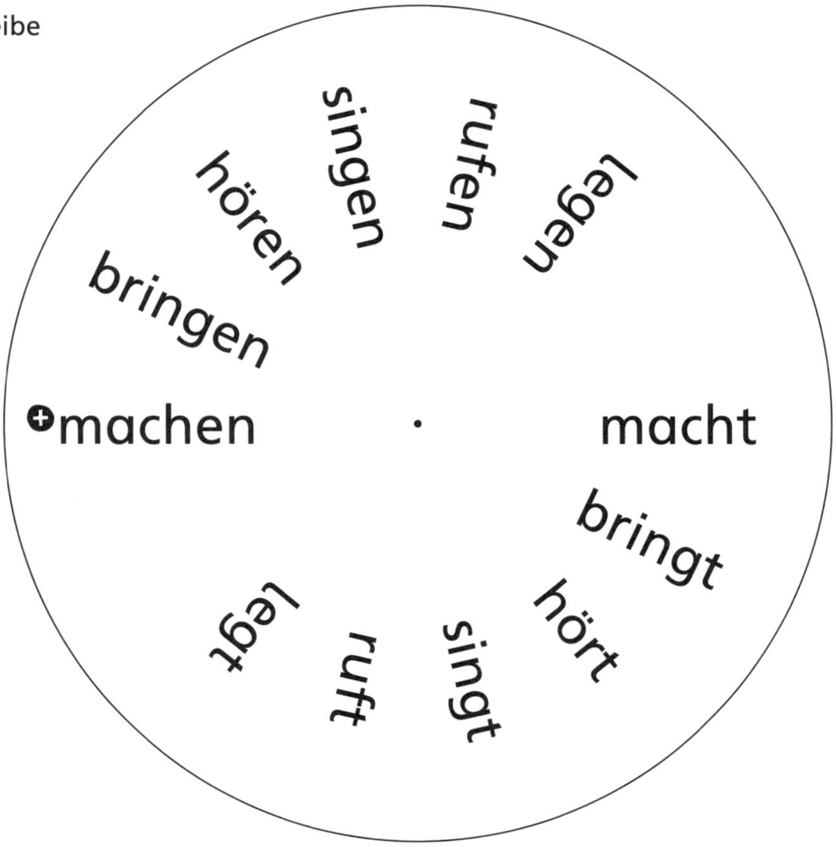

obere Scheibe

Kopiervorlage 93: Verb-Dominos

Ⓐ  ich brin__	 singen	 ich sin__	 lesen
 ich le__	 tragen	 ich tra__	 laufen
 ich lau__	 baden	 ich ba__	 schlafen
 ich schla__	 fangen	 ich fan__	 bringen Ⓔ

Kopiervorlage 94: Verb-Dominos – Kontrollstreifen

Ⓐ  ich bringe	 singen	 ich singe	 lesen
 ich lese	 tragen	 ich trage	 laufen
 ich laufe	 baden	 ich bade	 schlafen
 ich schlafe	 fangen	 ich fange	 bringen Ⓔ

COPY

Ⓐ  sie mach_	 legen	 sie leg_	 malen
 sie mal_	 sagen	 sie sag_	 schauen
 sie schau_	 rufen	 er ruf_	 hören
 er hör_	 singen	 sie sing_	 machen Ⓔ

COPY

Ⓐ  sie macht	 legen	 sie legt	 malen
 sie malt	 sagen	 sie sagt	 schauen
 sie schaut	 rufen	 er ruft	 hören
 er hört	 singen	 sie singt	 machen Ⓔ

Kopiervorlage 97: Verb-Dominos

Ⓐ  er arbei___	 rechnen	 er rech____	 baden
 er ba___	 finden	 er fin___	 reden
 er re___	 schneiden	 sie schnei___	 warten
 sie war___	 antworten	 er antwor___	 arbeiten Ⓔ

Kopiervorlage 98: Verb-Dominos – Kontrollstreifen

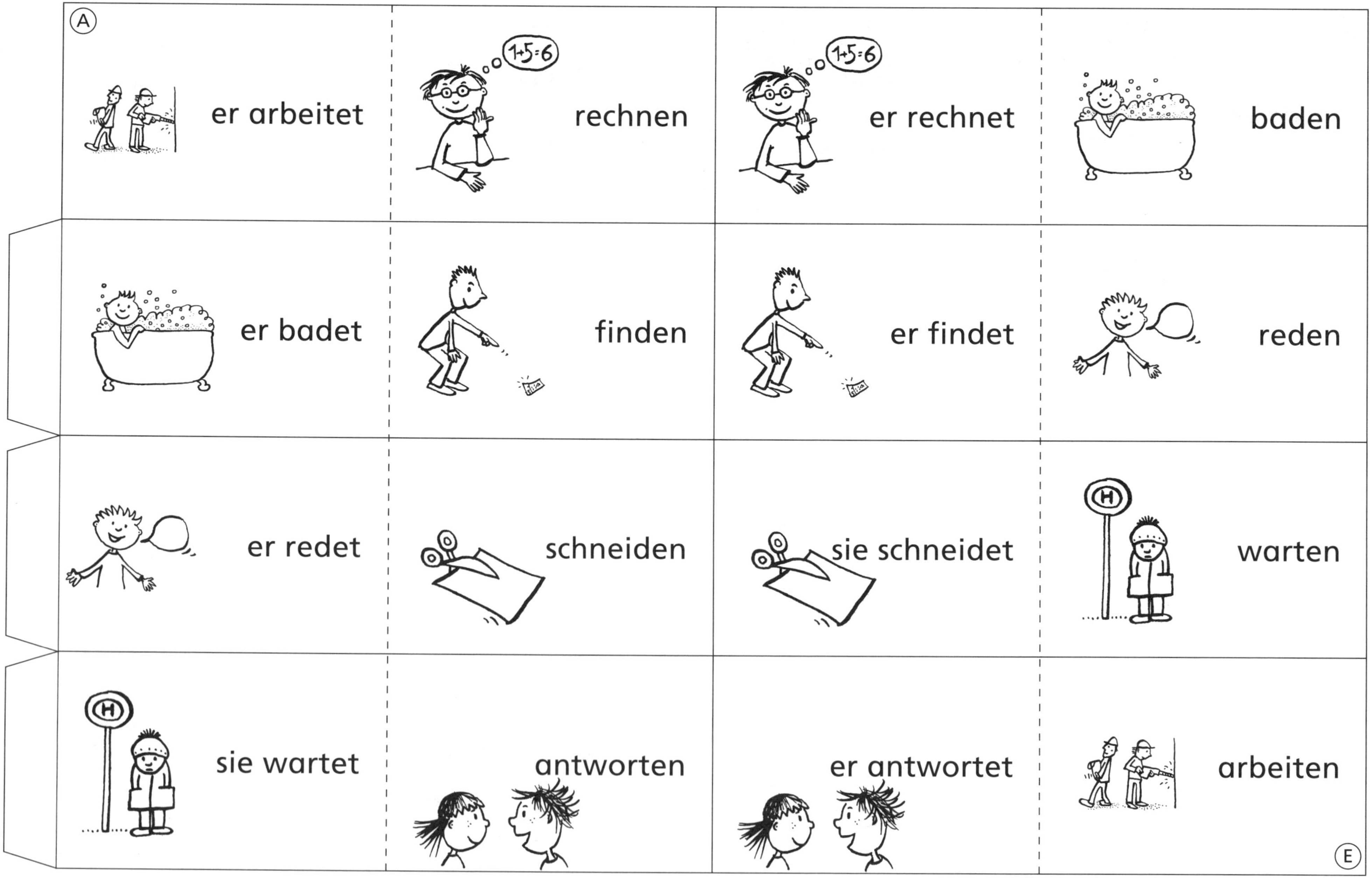

Kopiervorlage 99: Satzstreifen

1 Lass Lücken zwischen den Wörtern und schreibe den Satz auf!		*Ichbinkrank.*
2 Lass Lücken zwischen den Wörtern und schreibe den Satz auf!		*Ichbingesund.*
3 Lass Lücken zwischen den Wörtern und schreibe den Satz auf!		*DieKinderlesen.*
4 Lass Lücken zwischen den Wörtern und schreibe den Satz auf!		*DieKinderreden.*
5 Lass Lücken zwischen den Wörtern und schreibe den Satz auf!		*DieKinderlernen.*
6 Lass Lücken zwischen den Wörtern und schreibe den Satz auf!		*DasMädchenhateinAuto.*
7 Lass Lücken zwischen den Wörtern und schreibe den Satz auf!		*DasMädchenhateinenHund.*
8 Setze das fehlende Wort ein und schreibe den Satz!		*Der Junge _______ .* *(warten)*
9 Setze das fehlende Wort ein und schreibe den Satz!		*Das Mädchen _______ .* *(malen)*
10 Setze das fehlende Wort ein und schreibe den Satz!		*Das Mädchen _______ ein.* *(kaufen)*
11 Setze das fehlende Wort ein und schreibe den Satz!		*Der Junge _______ laut.* *(rufen)*
12 Setze das fehlende Wort ein und schreibe den Satz!		*Der Junge _______ Geld.* *(finden)*
13 Setze das fehlende Wort ein und schreibe den Satz!		*Der Junge _______ Saft.* *(trinken)*
14 Setze das fehlende Wort ein und schreibe den Satz!		*Das Kind _______ die Blume an.* *(schauen)*
15 Setze das fehlende Wort ein und schreibe den Satz!		*Ich _______ in der Nacht.* *(schlafen)*

1		 Ich bin krank.
2		 Ich bin gesund.
3		 Die Kinder lesen.
4		 Die Kinder reden.
5		 Die Kinder lernen.
6		 Das Mädchen hat ein Auto.
7		 Das Mädchen hat einen Hund.
8		 Das Mädchen wartet.
9		 Das Mädchen malt.
10		 Das Mädchen kauft ein.
11		 Der Junge ruft laut.
12		 Der Junge findet Geld.
13		 Der Junge trinkt Saft.
14		 Das Kind schaut die Blume an.
15		 Ich schlafe in der Nacht.

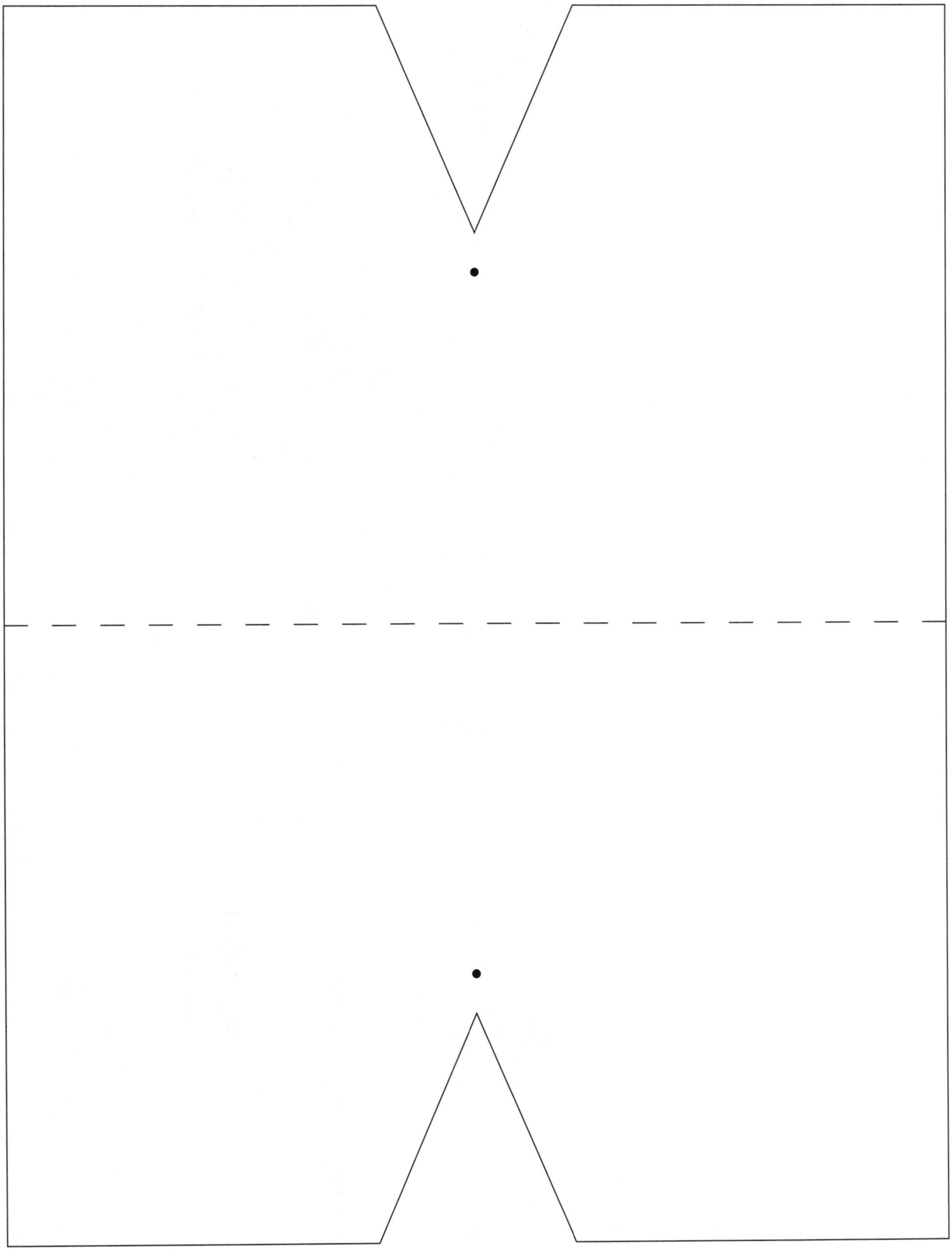

Kopiervorlage 102: Bild-Wort-Scheiben

Vorderseite

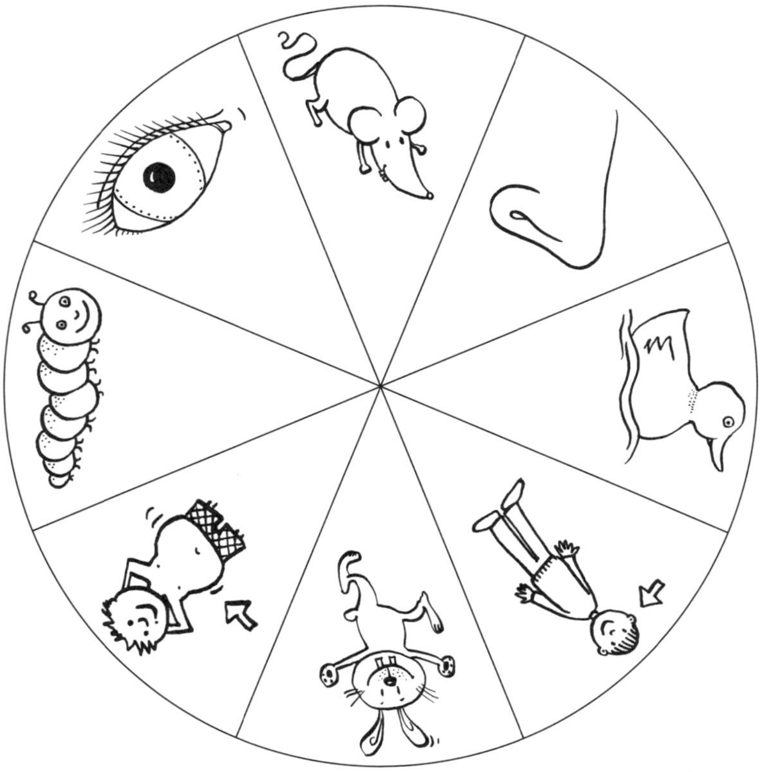

Rückseite
(Kontrolle)

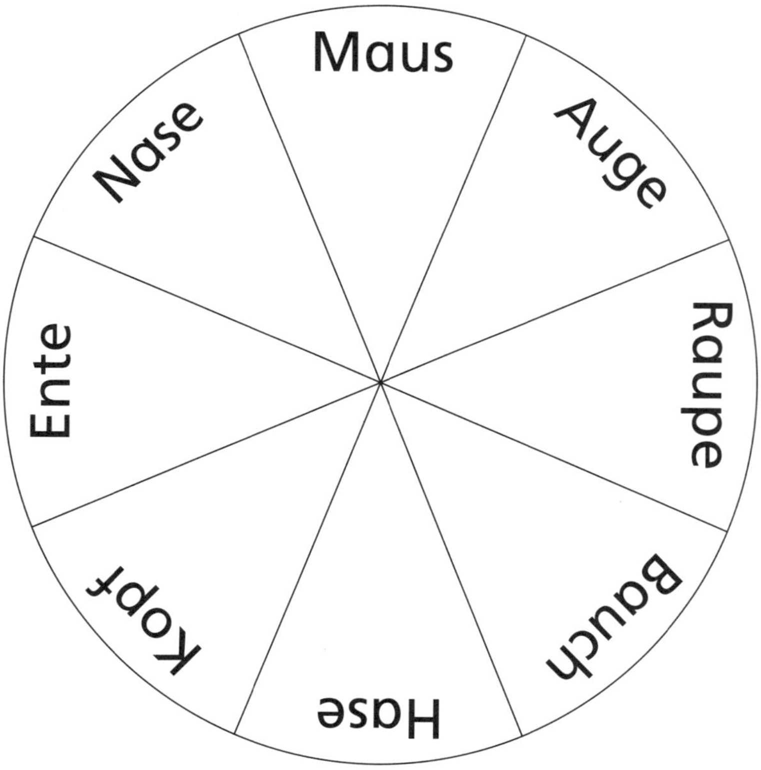

Vorderseite

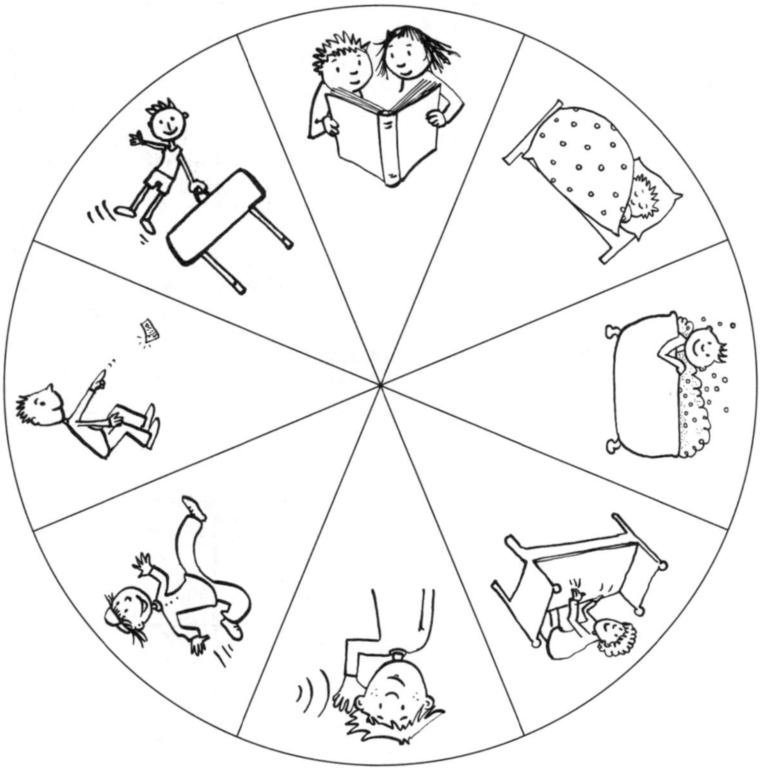

Rückseite
(Kontrolle)

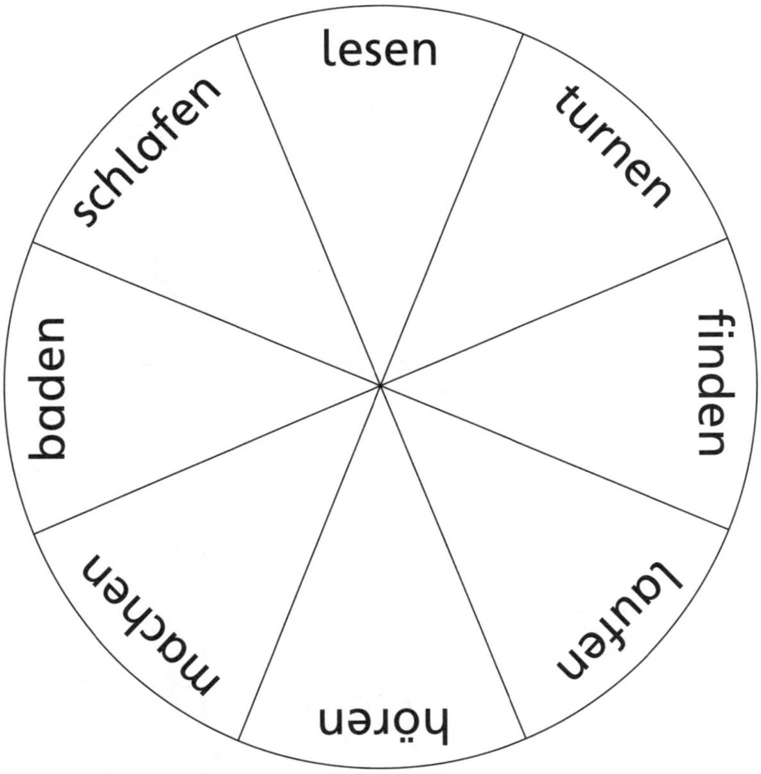

Kopiervorlage 104: Wortstreifen

1 Schreibe die fehlenden Wörter auf! Jeder Strich ist ein Buchstabe.	 _ _ _ _  _ _ _ _  _ _ _ _
2 Schreibe die fehlenden Wörter auf! Jeder Strich ist ein Buchstabe.	 _ _ _ _  _ _ _ _  _ _ _ _ _
3 Schreibe die fehlenden Wörter auf! Jeder Strich ist ein Buchstabe.	 _ _ _ _  _ _ _  _ _ _ _ _
4 Schreibe die fehlenden Wörter auf! Jeder Strich ist ein Buchstabe.	 _ _ _ _ _  _ _ _ _  _ _ _ _ _ _
5 Schreibe die fehlenden Wörter auf! Jeder Strich ist ein Buchstabe.	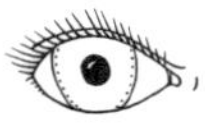 _ _ _ _  _ _ _ _  _ _ _ _
6 Schreibe die fehlenden Wörter auf! Jeder Strich ist ein Buchstabe.	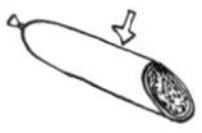 _ _ _ _  _ _ _ _  _ _ _ _
7 Schreibe die fehlenden Wörter auf! Jeder Strich ist ein Buchstabe.	 _ _ _ _ _ _ _  _ _ _ _ _  _ _ _ _ _
8 Schreibe die fehlenden Wörter auf! Jeder Strich ist ein Buchstabe.	 _ _ _ _  _ _ _ _ _ _  _ _ _ _ _ _
9 Schreibe die fehlenden Wörter auf! Jeder Strich ist ein Buchstabe.	 _ _ _ _ _ _ _  _ _ _ _ _ _
10 Schreibe die richtige Farbe auf!	Wie sind 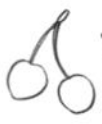 ? _ _ _ Wie sind  ? _ _ _ _ Wie ist  ? _ _ _ _ _
11 Schreibe die fehlenden Wörter auf!	Wie ist die  ? _ _ _ _ Wie ist die  ? _ _ _ _ _ Wie ist die  ? _ _ _
12 Schreibe die fehlenden Wörter auf!	Wie ist der  ? _ _ _ _ Wie ist die  ? _ _ _ _
13 Schreibe das richtige Tunwort auf! Beginne immer mit „ich“ …	 ich _ _ _ _ _  ich _ _ _ _
14 Schreibe das richtige Tunwort auf! Beginne immer mit „ich“ …	 ich _ _ _ _ _  ich _ _ _ _ _
15 Schreibe das richtige Tunwort auf! Beginne immer mit „ich“ …	 ich _ _ _ _ _  ich _ _ _ _ _ _ _

Kopiervorlage 105: Wortstreifen – Kontrollstreifen

1 Schreibe die fehlenden Wörter auf! Jeder Strich ist ein Buchstabe.	 Auto  Haus  Maus
2 Schreibe die fehlenden Wörter auf! Jeder Strich ist ein Buchstabe.	 Ente  Hase  Raupe
3 Schreibe die fehlenden Wörter auf! Jeder Strich ist ein Buchstabe.	 Baum  Ast  Busch
4 Schreibe die fehlenden Wörter auf! Jeder Strich ist ein Buchstabe.	 Blume  Gras  Tasche
5 Schreibe die fehlenden Wörter auf! Jeder Strich ist ein Buchstabe.	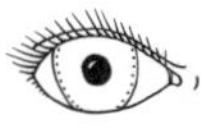 Auge  Nase  Kopf
6 Schreibe die fehlenden Wörter auf! Jeder Strich ist ein Buchstabe.	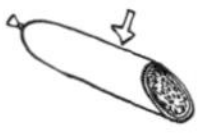 Haut  Brot  Saft
7 Schreibe die fehlenden Wörter auf! Jeder Strich ist ein Buchstabe.	 Gesicht  Licht  Bauch
8 Schreibe die fehlenden Wörter auf! Jeder Strich ist ein Buchstabe.	 Buch  Schere  Schule
9 Schreibe die fehlenden Wörter auf! Jeder Strich ist ein Buchstabe.	 Telefon  Gemüse
10 Schreibe die richtige Farbe auf!	Wie sind 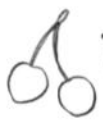? rot — Wie sind ? blau — Wie ist ? braun
11 Schreibe die fehlenden Wörter auf!	Wie ist die ? laut — Wie ist die ? schön — Wie ist die ? eng
12 Schreibe die fehlenden Wörter auf!	Wie ist der ? kalt — Wie ist die ? böse
13 Schreibe das richtige Tunwort auf! Beginne immer mit „ich“ …	 ich laufe  ich höre
14 Schreibe das richtige Tunwort auf! Beginne immer mit „ich“ …	 ich halte  ich finde
15 Schreibe das richtige Tunwort auf! Beginne immer mit „ich“ …	 ich mache  ich schlafe